改訂版 世界一 覚えやすい 中学の 英熟語 450

JN049919

※本書は、2016年4月に小社より刊行された『世界一覚えやすい 中学の英熟語430』をもとに、増補・改題・再編集したものです。

※この本には、「赤色チェックシート」がついています。

## この本を手にしてくれたキミへ

　数ある英語の参考書の中から、この本を手に取っていただいてありがとうございます。

　熟語の意味を知りたいと思ったときに、辞書でどの単語を引けばよいのか、また辞書のどの箇所にその熟語が出ているのかがわからずに右往左往した経験はありませんか？

　本書は、辞書で単語は引けても、どこに知りたい熟語表現があるのか、なかなか見つけられなかった経験がある子どもたちに向けて作った熟語帳です。

　2つ以上の語が集まり、それぞれの単語がもともと持っていたものとは異なった意味を表すのが熟語です。だから、熟語の暗記は単語を暗記するよりも面倒に思われます。しかし、ほとんどの熟語は「基本の英単語＋前置詞（や副詞）」の形になっているため、「英単語の意味」と「前置詞（や副詞）の持つイメージ」を分けて考えることで楽に覚えることができます。

　たとえば、"put off"ならば、putは「置く」、offは「離れて」なので、「離れたところに置く」となります。この基本のイメージから派生して、今すべきことを時間的に「離れたところに置く」と解釈し、「延期する」という意味になります。

　前置詞（や副詞）は「〜を」「〜に」といった和訳の意味を覚えるのではなく、その語の持つ基本的なイメージを覚えることが大切です。以下のイメージを覚えましょう。

| | | | | |
|---|---|---|---|---|
| ■ at | [地点] 〜に；〜で | | ■ in | [中] 〜の中に；〜の中で |
| ■ on | [接触] 〜の上に；〜の上で | | ■ by | [接近] 〜までに；〜のそばに |
| ■ from | [起点] 〜から | | ■ of | [所属] 〜の；〜からなる |
| ■ to | [方向]（到達地点）〜へ | | ■ for | [方向]（目的の方向）〜へ |
| ■ about | [周辺] 〜あたり；〜に関して | | ■ around | [周囲] 〜を回って |
| ■ through | [通過] 〜を通って | | ■ over | [上方] 〜を越えて |
| ■ into | [内部へ] 〜の中へ | | ■ under | [真下] 〜の下へ |
| ■ across | [横断] 〜を横切って | | ■ with | [同伴] 〜といっしょに |
| ■ after | [後ろ] 〜の後ろに | | ■ against | [対立] 〜に反して |
| ■ away | [分離]（距離的に）〜から離れて | | ■ off | [分離] 〜から離れて |
| ■ as | [対等] 〜として；〜のときに；〜のように | | | |

また、熟語に使われる単語は英語学習の初期に習う基本単語が多いのですが、長い単語や一見難しそうに思える単語が使われることもあります。そんなときに役立つのが接頭辞・接尾辞です。漢字の場合、サンズイがついていれば「水」に関係しますし、クサカンムリがついていれば「植物」に関係すると予測できます。英語も同じで、wonderfulはwonder「驚き」＋ -ful「いっぱい」＝「驚きがいっぱい」、だから「素晴らしい」ですし、enjoyはen-「〜にする」＋ joy「喜び」＝「喜びにする」、だから「〜を楽しむ」といったように分けて考えることで単語が覚えやすくなります。

　代表的な接頭辞・接尾辞には以下のようなものがあります。

［接頭辞］

| | | | |
|---|---|---|---|
| ■ a-［〜の方へ］ | ahead「前に；先に」 | ■ ad-［付加］ | adjust「適合させる」 |
| ■ co-［共同］ | cooperate「協力する」 | ■ dis-［反対の］ | discourage「落胆させる」 |
| ■ en-［〜にする］ | encourage「勇気づける」 | ■ ex-［外に］ | exchange「交換する」 |
| ■ pre-［前に］ | prepare「準備する」 | ■ re-［再び］ | remind「思い出させる」 |
| ■ sub-［下に］ | subway「地下鉄」 | ■ trans-［越えて］ | transport「輸送する」 |

［接尾辞］

| | | | |
|---|---|---|---|
| ■ -able［〜できる］ | visible「目に見える」 | ■ -ate［〜する］ | concentrate「集中する」 |
| ■ -ful［〜に満ちた］ | powerful「力強い」 | ■ -less［〜のない］ | needless「不必要な」 |
| ■ -ous［〜の多い］ | dangerous「危険な」 | | |

　本書は、学校の定期テストで必ず出題されるレベルから始めて、検定試験の上位級を取得したいと考えている中学生にとってもびっくりするくらい役に立つ熟語帳です。英単語や熟語の暗記が苦手な人は、まずこの熟語帳を教科書の予習や復習をするときに、そばに置いて辞書代わりに使ってみてください。「うわぁ、ノッテル！　ノッテル！」と歓喜の声をあげるはずです。この「ノッテル！」という感動を今度は「覚えるノリ」に変えて、約1か月、集中して覚えていきましょう。

　英語の学習において単語と熟語の威力と効果は計り知れません。単語や熟語を覚える上で一番厄介なのは、「とっかかり」です。最初の「とっかかり」さえうまくいってしまえば、あとはスムーズに継続的に勉強できます。この本が皆さんにとって英語学習を習慣化させる「とっかかり」になってくれることを祈っています。

Well begun is half done. 「始めが肝心」

## 📖 この本の特長

**1** シンプルかつ覚えやすさのみを追求

厚くなく持ち運びが便利で、1熟語につき極力1つの意味だけにするよう心がけ、中学生にとって本当に必要な熟語に絞り込んだ質と、最後まで覚えきれる適切な量を追求しています。

また、英熟語がアルファベット順になっているとスペルが似た熟語を同時に覚えなければならなくなるため、記憶を打ち消し合うという逆の効果が出てしまいます。そこで、本書ではあえてランダムな順番になっています。

**2** 熟語の難度に合わせた3つのChapter（チャプター）

Chapter 1はどの教科書にも載っている熟語。Chapter 2は公立入試に必ず出題される熟語。Chapter 3は、中学生が受検するレベルの検定試験や国私立の入試問題で目にする、レベルの高い熟語で構成されています。

**3** 文法的な決まり文句も熟語として扱う

How far やHow longといった2語以上の疑問詞の働きをする語や、have been to ～といった文法の公式的なもの、so ～ that S can't Vのような構文も熟語として扱うことで、中学英語の基本的な文法もこの熟語帳でマスターできるように工夫してあります。

**4** 定番の例文を使用

熟語を覚えるときは熟語だけを日本語と1対1で覚えるよりも、例文で丸ごと暗記するほうが覚えられます。また、せっかく覚えるのだから、覚えた熟語が即戦力になるよう、よく使われる汎用性のある英文を選んで使用しています。

**5** 音読筆写に役立つ音声を収録

英語を覚える上で、なくてはならないものは音です。音で覚えたものが実際に通じるという実体験を通じて言葉は記憶に残るのです。学習を定着させるツールとしてこの本の英文の音声をダウンロードしたり、スマートフォンでストリーミング再生したりして、「すき間時間」や「ながら時間」を使って聞くようにしましょう。

### 覚え方

　熟語を構成している単語を分けて、それぞれの意味をとらえてみたり、その熟語が持つイメージや使われる場面を思い浮かべたりすることで、覚えるきっかけとなる記憶のフックのつけ方を紹介しています。

### セットで暗記

　英語には一度使った単語を繰り返すことを避けて、できるだけ同義語で言いかえて、読み手を飽きさせないようにすることがよいという特徴があります。同じ意味を書きかえた別の表現（同義語）や、反対の意味になる表現（対義語）を一緒に暗記できるようにすることを狙いとしています。

### ココが大切

　熟語を使用する上で間違いやすい注意点や使われる場面設定、「冠詞をつけない」「動詞は必ず原形」のような、文法上の注意点が書かれています。

### ≫001

　関連する英熟語の掲載番号です。見出し語とともにチェックしましょう。

##  この本の使い方

| 用意するもの | ●蛍光ペン（黄色・ピンク）<br>●インクの量が見える青か黒のボールペン<br>●裏紙（裏が白紙の広告・使用済みのプリントの裏など） |
|---|---|

### 1　勝負の3日間

**〈第1日目〉**

　黄色の蛍光ペンを片手に教科書必修レベルの中から自分の知らない、意味のわからない熟語をマークします（◎001←こんなふうに）。この段階で覚える必要はありません。教科書必修レベルだと、知っている熟語も多く、マークする熟語の数は比較的少ないかもしれません。

| マークをつける基準 | ★★★★ レベル1：見た瞬間に、意味がわかる | → | 無 |
|---|---|---|---|
| | ★★★★ レベル2：少し考えれば、意味がわかる | → | 無 |
| | ★★★★ レベル3：見たことはあるが、思い出せない | → | マーク |
| | ★★★★ レベル4：見たことも聞いたこともない | → | マーク |

〈第２日目〉

　第１日目と同様に公立高校入試レベルの中から、見たことはあるし、一度は覚えた記憶もあるけれど、記憶があいまいな熟語をマークします。この段階で、マークの多さに心が折れる可能性が出てきますが、あきらめてはいけません。なぜならまだ覚えなくてよいのですから。

〈第３日目〉

　三日坊主の誘惑に負けることなく、蛍光ペンを片手に国私立高校入試レベルに突入。ほとんどの熟語が見たことも聞いたこともなく、当然意味もわからないため、意外にも早くマークをつけ終わってしまうかもしれません。この段階で、だれもが本書のページを最初からペラペラとめくり、後半のほとんどにマークがついている現実に愕然とするかもしれませんが、不思議なことに熟語帳に一通り目を通した充実感と、最後までマーカーが引かれた本に対する何か愛おしい感情がわいてきていることに気づきます。

## 2 トレーニングの10日間

　本書に載っている熟語の数は450なので、すべてにマーカーがついたとしても、毎日45個ずつ覚えていけば、10日間ですべての作業が終了します。１つの熟語を覚えるのに１分かかったとしても１日45分。半分に分ければ、朝の約20分と夜の約20分で終了です。

〈トレーニング１〉

　マーカーをつけた熟語の例文を和訳と照らし合わせながら、まず意味をインプットします。それから英文を声に出して読みます。このときに大切なことは、和訳がほぼ同時に頭に浮かぶ状態になっているかということです。

According to the weather forecast, it will snow tomorrow.
「天気予報によれば、明日は雪が降るでしょう」

〈トレーニング２〉

　音読と同時に和訳が浮かんだら、ボールペンを手に取り、裏紙に熟語のみを声に出しながら何度も書き写します。
"according to"「〜によれば」"according to"「〜によれば」
"according to"「〜によれば」……

　なぜ声に出しながらボールペンで書き写すのかというと、脳には、働かせる感覚器官が多ければ多いほど、脳への記憶が強化され、長

期にわたって記憶が残るという特徴があるからです。声に出して書いて、その音を耳で聴き取ることで記憶を確実なものにしていきます。また、ボールペンだとインクの減り具合で学習の量が見えるので、勉強の励みになります。

## 3 仕上げの10日間

　一通り450の熟語の中から覚えていない熟語を練習したので、次の10日間で記憶の状態をチェックします。赤シートを使ったり、ページを折ったりして、熟語が書ける状態になっているかを確認します。

　このときにまだ覚えられていなかった熟語にはピンクの蛍光ペンで再びマークを入れます。

☐ 417

# according to 〜 ←こんなふうに

　熟語を覚えるときには、別の単語１語に置きかえて覚えるというのもコツの一つです。たとえばlook up toはrespectと同じ意味とか、by oneselfはaloneと同じといったように。

　また、脳の記憶のメカニズムでは、覚えた単語を使わないまま48時間が経過すると８割は忘れてしまうと言われています。日常の生活の中で、使う場面を想像してみたり、実際に会話の中に入れて使ってみたりする方法もあります。「塾に行く前にコンビニに行くのはas a rule（ふつう）だ」とか「なんかfeel like eating（食べたい）な気分だね」とか。

　100円ショップでコルクボードを買ってきて、覚えられない熟語をふせんに書いてベタベタと貼って、覚えたらはがすという方法もよいでしょう。とにかく覚えられなかった熟語は毎日同じように45個を目安に音読筆写トレーニングを繰り返します。

　このころになるとボールペンが３本目に達し、裏紙が机の上に積まれ、なんと中指にはペンだこができているかもしれません。

　このような方法で約１か月間集中的に熟語を学習することで、未知の熟語が絞られ、単語と熟語の基本イメージが頭に入ります。いつの間にか英語のセンスが磨かれている自分に、きっと驚くはずです。

It always seems impossible until it's done.
Nelson Mandela

「何事も成功するまでは不可能に思えるものである」
ネルソン・マンデラ

# CONTENTS

## Chapter 1 …………………………………………………… 011

教科書必修レベル　001〜099

## Chapter 2 …………………………………………………… 049

公立高校入試レベル　100〜305

## Chapter 3 …………………………………………………… 123

国私立高校入試レベル　306〜450

ブックデザイン：山口秀昭（Studio Flavor）
DTP：フォレスト
校正：鷗来堂、アラレス
編集：平井榛花

音声協力：ELEC
声の出演：Rachel Walzer、水月優希

## 《音声ダウンロードについて》

　本書で扱っている見出し語（英語）とその日本語訳、英語の例文音声を、次の①または②の方法で聴くことができます。記載されている注意事項をよく読み、内容に同意いただける場合のみご利用ください。

※音声は、「見出し語（英語）→日本語訳→見出し語（英語）→例文（英語）」の順で収録しています。

※音声のトラック名と英熟語の掲載番号が対応しています。

## ① パソコンでダウンロードして音声を聴く方法

**https://www.kadokawa.co.jp/product/322212000198/**

　上記のURLへアクセスいただくと、mp3形式の音声データをダウンロードできます。「特典音声のダウンロードはこちら」という一文をクリックしてダウンロードし、ご利用ください。

※音声はmp3形式で保存されています。お聴きいただくにはmp3ファイルを再生できる環境が必要です。

※ダウンロードはパソコンからのみとなります。携帯電話・スマートフォンからはダウンロードできません。

※ダウンロードページへのアクセスがうまくいかない場合は、お使いのブラウザが最新であるかどうかご確認ください。また、ダウンロードする前にパソコンに十分な空き容量があることをご確認ください。

※フォルダは圧縮されています。解凍したうえでご利用ください。

※音声はパソコンでの再生を推奨します。一部のポータブルプレーヤーにデータを転送できない場合もございます。

※なお、本サービスは予告なく終了する場合がございます。あらかじめご了承ください。

## ② スマートフォンで音声を聴く方法

abceed アプリ（無料）
Android・iPhone 対応

　ご利用の場合は、QRコードまたはURLより、スマートフォンにアプリをダウンロードし、本書を検索してください（ご使用の機種によっては、ご利用いただけない可能性もございます。あらかじめご了承ください）。

**https://www.abceed.com/**

※abceedは株式会社
　Globeeの商品です
　（2023年2月時点）。

# 教科書必修レベル
## 001〜099

中学校の教科書に出てくる、必ず覚える
必要がある熟語を集めました。学校の定
期テストで問われる定番の熟語ばかりな
ので妥協は禁物です。例文ごと覚えま
しょう。

# at first

### 副 最初は

例 **At first** he wasn't friendly to me.

訳 最初は彼は私に友好的でなかった。

**覚え方** at は「点」を表す前置詞。これに first をつけることで、「最初の点で」という意味になると考えます。

**セットで暗記**
❯ at first sight「一目で；一見したところでは」

# have a good time

### 動 楽しい時を過ごす

例 I **had a good time** yesterday evening.

訳 昨夜は楽しい時を過ごしました。

**セットで暗記** ❯ have a good time = enjoy *oneself* ❯❯224
= I enjoyed myself yesterday evening.
good は wonderful「素晴らしい」、nice「素敵な」、pleasant「愉快な」などに変わるので注意しましょう。

# at times

### 副 ときどき

例 My grandmother sings for my family **at times**.

訳 祖母はときどき家族のために歌を歌ってくれます。

**覚え方** times は「〜を掛ける；〜倍の」の意味です。時の1点（at）が何倍にも連なっているイメージをしてみると、「ときどき」という意味が現れてくるでしょう。

# at last

**副** ついに

例 He got a new car **at last**.

訳 彼はついに新車を買った。

**セットで暗記**
- finally
- at length
- in the end ≫273
- after all ≫040

「ついに；とうとう；結局」

# after school

**副** 放課後

例 We went to the library **after school**.

訳 私たちは放課後図書館に行きました。

**セットで暗記**《after +名詞》
- after lunch「昼食後」
- after midnight「真夜中過ぎに」
- after graduation「卒業後に」
- after dark「日が暮れてから」

# at school

**副** 学校で

例 Did you study math **at school** yesterday?

訳 あなたは昨日学校で数学の勉強をしましたか。

**ココが大切** この場合の「学校で」は、学校の「授業で」の意味。その他に、「授業中で」「在学中で」の意味もあります。

# *be* over

**動** 終わる

例 Winter **is over** and it is spring now.

訳 冬が終わって今は春だ。

**ココが大切** 冬が終わったのは現在の状態なので*Winter was over*と過去の文にはしません。その他にSchool is over.「学校が終わった」は1日あるいは学期、学年の授業が終わったことを意味します。

# *be* glad to *do*

**動** 〜してうれしい

例 I**'m glad to** see you.

訳 お会いできてうれしいです。

**ココが大切** 初対面のあいさつのとき、Nice to meet you. のあとに続けて言います。また、I am を省略して、Glad to see you. と言うこともあります。

# *be* late for 〜

**動** 〜に遅れる

例 I **was late for** school.

訳 私は学校に遅刻した。

**ココが大切** 遅刻した時間を表したい場合は、遅れた時間を late の前に置きましょう。
　例) I was five minutes late for school.
　「私は学校に5分遅刻した」

# enjoy *doing*

**動** 〜して楽しむ

例 We **enjoyed** swimm**ing** in the sea together.

訳 私たちは海で一緒に泳いで楽しみました。

**ココが大切** enjoyは目的語として動名詞（*doing*）をとり、不定詞（to ＋動詞の原形）はとりません。よって *We enjoyed to swim* は間違いになります。その他にも stop, finish，give up は動名詞（*doing*）しか目的語にとりません。

# Excuse me.

**節** すみません。

例 **Excuse me.** How much is this?

訳 すみません。これはいくらですか。

**ココが大切** Excuse me. は「失礼します」という呼びかけや、マナーに反したときなどに謝る「失礼しました」という意味の表現としても用います。**Excuse me, but S ＋ V 〜 .** の形で、見知らぬ人に話しかけるときや、言いにくいことを言うときなどに用います。

# for example

**副** たとえば

例 Some English words have two spellings — gray and grey, **for example**.

訳 英語には2つのつづりのある語がいくつかある。たとえば、gray と grey のようにだ。

**ココが大切** exampleは「例」という意味の名詞ですが、前にanやtheなどの冠詞は置きません。また、for instanceで言いかえられます。

# go on a trip

**動** 旅行に行く

例 My father **went on a** business **trip**.

訳 父は出張に行きました。

---

**覚え方** 旅行・ピクニック・ハイキングには必ずonを使います。
- ❯ go on a trip「旅行に行く」
- ❯ go on a picnic「ピクニックに行く」
- ❯ go on a hike「ハイキングに行く」

場所を明示したいときにはtrip/picnic/hikeの後ろにto ～をつけて表します。

例 My sister went on a trip to Italy.
「姉はイタリアに**旅行に行った**」

# at once

**副** ①すぐに　②同時に

例 ① I'd like you to go to Osaka **at once**.

訳 すぐに大阪に行ってもらいたい。

例 ② I can't do two things **at once**.

訳 私は同時に2つのことはできません。

---

**覚え方** onceは「1回」「一度」の意味。「一点集中」を表すatをつけると「①一度言ったらすぐに」「②一度にすべて（＝同時に）」という意味になると考えると覚えやすいです。

**セットで暗記**
- ❯ all at once「突然；全部一度に」

# no one

**代** だれも〜ない

**例** **No one** could answer the question.

**訳** だれもその質問に答えられませんでした。

**ココが大切** no oneを使うことにより、動詞を否定形にしなくても否定の意味を表せます。ただし、3人称単数として扱うので動詞の形には注意が必要です。また、nobodyでも同じ意味を表します。
= Nobody could answer the question.

# I hope (that) 〜 .

**節** 私は〜だとよいと思う。

**例** **I hope that** you will like it.

**訳** 気に入ってくれるといいんだけど。

**覚え方** hopeは実現の可能性が高いことを希望する意味で用います。それに対してwishは実現の可能性がないか、あっても極めて少ないことを祈願する意味で用いるので区別しましょう。

# I think (that) 〜 .

**節** 私は〜だと思う。

**例** **I thought that** it was a very difficult problem.

**訳** 私はそれはとても難しい問題だと思いました。

**ココが大切** I thinkを後ろに持ってくることも可。
It was a very difficult problem, I thought.
that を省略することも可。
= I thought it was a very difficult problem.

# some day

**副** いつか

例 I'd like to go to China **some day**.

訳 私はいつか中国へ行きたいです。

**覚え方** some time「いつか」は過去にも未来にも使いますが、some day は「未来のある日」→「いつか；そのうち」で用います。

---

# How many ＋複数名詞 ～ ?

**疑** いくつの～か。

例 **How many countries** in the world have you visited**?**

訳 あなたは世界のいくつの国を訪れましたか。

**覚え方** 数をたずねる疑問詞なので、必ず後ろに複数名詞がくることが重要。お金など数えられないものの場合は、how much を使い、〈**How much ＋単数名詞 ～?**〉となります。
　例 How much money do you want?
　　「きみは**どれくらいお金が**いるのですか」

---

# this morning

**副** 今朝

例 It was very cold **this morning**.

訳 今朝はとても寒かった。

**覚え方** this のあとに時を表す名詞がくると「今～」や「今日の～」という意味になります。this week「今週」、this weekend「今週末」、this year「今年」、this summer「今年の夏」など。ただし、「今日」は today、「今夜」は tonight と言います。

☐ 021

# at home

**副** くつろいで

例 Please make yourself **at home**.

訳 どうぞおくつろぎください。

**覚え方** home は「家族の住む場所；家庭」という意味での「家」、house は「建物としての家」を指します。だから、「あなた自身を自分の家にいるようにする」→「くつろぐ」と連想するとよいでしょう。

☐ 022

# at *one's* best

**副** 最もよい状態で［の］

例 The cherry blossoms are **at their best** now.

訳 今は桜が満開だ。

**覚え方** この at はものさしやスピードメーターでの目盛りの一点で、best は good の最上級（good–better–best）なので、その「最高地点」を表すと考えるとイメージできますね。

☐ 023

# at work

**副** 仕事中で［の］

例 His father was injured **at work**.

訳 彼のお父さんは仕事中にけがをした。

**覚え方** at が人間の精神状態を表すときは、「一点集中」を表します。この「集中」から「〜に熱中する；〜に従事する」の意味が生まれ、「仕事中」となるのです。

# all of 〜

### 形 〜のうちのすべて

例 I have just done **all of** my homework.

訳 私は私の宿題のすべてをちょうど終えたところです。

**ココが大切** all of you で「皆さん全員」を意味しますが、*all you* とは書きません。また all of the students で「すべての生徒たち」を意味しますが、*all of students* とは書きませんので注意しましょう。

# a piece of 〜

### 形 一切れの〜

例 She had **a piece of** bread for breakfast.

訳 彼女は朝食に一切れのパンを食べました。

### セットで暗記
- ❯ a drop of water「水1滴」
- ❯ a loaf of bread「パン1きん」
- ❯ a bar of chocolate「板チョコ1枚」
- ❯ a block of ice「氷のかたまり1個」
- ❯ a sheet of paper「紙1枚」
- ❯ a slice of ham「ハム1枚」

# as soon as 〜

### 接 〜するとすぐに

例 She went out **as soon as** she stood up.

訳 彼女は立ち上がるとすぐに出て行きました。

### セットで暗記
- ❯ As soon as
- ❯ The moment
- ❯ Immediately

she stood up, she went out.

◻ 027

# a lot of 〜

**形** たくさんの〜

例 I have **a lot of** things to do this weekend.

訳 私は今週末たくさんすることがあります。

---

**セットで暗記**
- many ＋可算名詞
- much ＋不可算名詞
- a large number of ＋可算名詞 ▶416
- a great deal of ＋不可算名詞
- a lot of ＋可算名詞＆不可算名詞
- lots of ＋可算名詞＆不可算名詞
- plenty of ＋可算名詞＆不可算名詞

---

◻ 028

# *be* going to *do*

**動** 〜するつもりである

例 I am **going to** clean my room tomorrow.

訳 私は明日、自分の部屋を掃除するつもりです。

---

**ココが大切**《未来を表す表現のニュアンス》
- will …話者の「意志」を表す
  - 例 I will clean my room tomorrow.
    →掃除をしたいからする
- *be doing* …「予定」を表す
  - 例 I am cleaning my room tomorrow.
    →掃除をすることになっている
- *be* going to *do* …「意志」も「予定」も含む
  - 例 I am going to clean my room tomorrow.
    →場合により「意志」としても「予定」としても用いる

# from A to B

### 副 AからBまで

例 It takes 30 minutes to walk **from** here **to** the station.

訳 ここから駅まで徒歩で 30 分かかります。

**ココが大切** from が出発点を表し、to が到達点を表します。両方とも前置詞なので後ろには名詞がきます。
- ❯ from time to time「ときどき」 »109
- ❯ from place to place「あちらこちらに」
- ❯ from year to year「年とともに；年々」
- ❯ from head to foot[toe]「頭のてっぺんからつま先まで」

# go up

### 動 登る

例 We will **go up** Mt. Fuji next month.

訳 私たちは来月富士山に登るつもりだ。

**覚え方** up の後ろに場所を表す名詞がくると「〜に登る」という意味になり、go down では「〜を下りる」という意味になります。

# give up

### 動 〜をあきらめる；〜をやめる

例 To **give up** playing video games is not easy for me.

訳 私にとってテレビゲームをすることをあきらめるのは簡単ではない。

**ココが大切** give up の目的語が代名詞の場合は〈give ＋代名詞＋ up〉の語順になります。Why did you give it up?「なぜそれをやめたのですか」。また、〈give up the[one's] seat to ＋人〉になると「（人）に席を譲る」という意味になります。

# have to *do*

動 ～しなければならない

例 You **have to** stay here.

訳 あなたはここにいなくてはなりません。

**ココが大切** 「～しなければならない」の意味の助動詞mustとの使い分けは、mustには過去形も未来形もないので、have toの過去形had toと未来形will have toを代わりに使用します。また、have toのほうが、「周囲の事情からそうせざるをえない」という意味合いがあり、mustより穏やかな表現といえます。そのため、どちらを用いてもよい場合はhave toが好まれます。

# take off

動 ①～を脱ぐ；～を取りはずす
②離陸する

例 ① I **took off** my hat and entered the church.

訳 私は帽子を取り、教会に入った。

例 ② Our plane **took off** at six exactly on time.

訳 我々の飛行機は定刻の6時ぴったりに離陸した。

**覚え方** 「脱ぐ」の意味での対義語はput on「～を着る」 >> 207 。「離陸する」の意味での対義語はland「着陸する」。また、目的語が代名詞の場合は、〈take ＋代名詞＋ off〉の語順になります。

# long for ～

**動** ～を切望する

例 Each of us **longs for** peace.

訳 私たちのだれもが平和を望んでいる。

> **覚え方** この long は形容詞の「長い」ではなく、動詞の「切望する」です。long「長い」の語源は古い英語の lang で、また langen は「手を伸ばす」という意味。つまり、「欲しいものに手を伸ばす」という意味で、この langen がのちに long という形で動詞に引き継がれたと考えると覚えやすいですね。

# look at ～

**動** ～を見る

例 **Look at** the girl using a computer.

訳 コンピューターを使っている少女を見なさい。

> **覚え方** at の基本イメージは「狭い一点」。その狭い一点を「集中して見る」というのが、look at の意味になります。look と at の間に副詞を入れることもできます。
> 例 He looked sadly at the old house.
> 「彼はその古い家を悲しそうに見た」

# the next day

**副** 次の日

例 I went to the hospital **the next day**.

訳 私は次の日病院に行きました。

> **覚え方** 過去のある日を起点にして、その次の日を意味します。「その」次の日なので、the を忘れずにつけましょう。

◻ 037

# take a picture

**動** 写真を撮る

例 Can I **take a picture** of your family?

訳 あなたの家族の写真を撮ってもいいですか。

**セットで暗記**
- ▶ take a note「ノートを取る」
- ▶ take a trip「旅行する」
- ▶ take a shower「シャワーを浴びる」
- ▶ take a walk「散歩する」

◻ 038

# listen to ～

**動** ～を聴く

例 **Listening to** music is a lot of fun.

訳 音楽を聴くことはとても楽しい。

**ココが大切** listen to ～は自分から耳を傾けて聴き、その内容を理解しようとすることを表します。それに対して hear ～は自然に聞こえてくることを表します。

◻ 039

# take out

**動** ～を取り出す

例 He **took out** his passport from his bag.

訳 彼はかばんからパスポートを取り出しました。

**覚え方** take の基本イメージは、話者のいる所から別の場所に「持っていく」ことです。「外に」という意味の out とくっついた take out は、「～を取り出す」「～を持ち出す」「～を連れ出す」「（飲食店で買った食べ物を）家に持ち帰る」という意味になります。

# after all

### 副 結局 (は)

例 The party wasn't held **after all**.

訳 そのパーティーは結局開かれませんでした。

**セットで暗記**
- ❯ After you. 「お先にどうぞ」
- ❯ after that 「そのあとで」
- ❯ after a while 「しばらくして」
- ❯ after a moment 「少し時間がたって」

# all over

### 副 いたるところ一面に

例 English is taught almost **all over** the world today.

訳 英語は今日、ほとんど世界中で教えられている。

**覚え方** over は「〜をくまなく覆っている」が元の意味です。これに all をつけ、さらに意味を強調したのが all over です。

# and so on

### 副 〜など

例 I usually eat vegetables, fish, fruit, **and so on**.

訳 私はふつう野菜、魚、果物などを食べる。

**ココが大切** and so on と同じ意味で etc. があります。ラテン語の et cetera の略で、and so on または and so forth と読みます。et は and の意味なので、*and etc.* とはしません。また、人にも使いません。

◻ 043

# a long time ago

**副** ずっと前に

例 **A long time ago**, people thought the earth was flat.

訳 ずっと昔、人々は地球は平らだと思っていた。

**ココが大切** ago は現在から見た過去、before は過去の一時点からさかのぼった過去を表します。

**セットで暗記**
- ❯ just a moment ago「つい今しがた」
- ❯ not long ago「つい先ごろ」
- ❯ a week ago Sunday「先週の日曜日」

◻ 044

# come home

**動** 帰宅する

例 He **came home** late last night.

訳 彼は昨夜遅く帰宅しました。

**ココが大切** home は「家へ [に]」という副詞なので、come to home としてはいけません。

◻ 045

# Are you kidding?

**節** 冗談でしょ?

例 I lost my umbrella again. —**Are you kidding?**

訳 また傘をなくしました。—冗談でしょ?

**覚え方** kid は名詞では、「子ども」の意味ですが、動詞になると「からかう;冗談を言う」という意味。kidding は動詞 kid の現在分詞形なので、「あなたはからかっているのか?」の意味になります。

# a member of ～

### 形 ～の一員

例 Tom is **a member of** the basketball team.

訳 トムはバスケットボール部の一員です。

**セットで暗記** = Tom **belongs to** the basketball team. ≫183
- ❯ belong to ＋団体「～に所属する」
- ❯ belong to ＋人「～のもの（所有）」
    - 例 This bicycle belongs to me.「この自転車は私のものだ」

# come back

### 動 戻る；帰る

例 My father is going to **come back** to Japan next month.

訳 私の父は来月、日本へ戻ってくる予定です。

**ココが大切** come は好ましい状態を表すので、Come back!「戻ってきて！」などのように用いますが、go は好ましくない状態を表すので、Go back to your seat!「席に戻りなさい！」などのように用います。

# come from ～

### 動 ～の出身である

例 He doesn't **come from** Canada.

訳 彼はカナダ出身ではありません。

**ココが大切** 出身を表すのに、be from ～ を用いることもできます。ただし、この場合の be 動詞は必ず現在形になります。
= He isn't from Canada.

□ 049

# go ahead

**動** 先に行く；進む

例 You can **go ahead** with them. I'll catch up with you later.

訳 あなたは彼らと先に行っていいですよ。私はあとであなたに追いつきます。

**ココが大切** 相手に許可を与える意味もあります。
例 May I use it? ―Go ahead. 「使ってもいいですか。―どうぞ」

□ 050

# face to face

**副** 向かい合って

例 I sat **face to face** with her.

訳 私は彼女と向かい合ってすわりました。

**セットで暗記** come face to face with ～で「～にばったり出くわす」という意味になります。
例 I came face to face with him the other day.
「私は先日彼にばったり出くわした」

□ 051

# get up

**動** 起きる

例 My mother **gets up** the earliest in my family.

訳 私の母は家族の中でいちばん早く起きます。

**ココが大切** get up と混同しやすいのがwake up 》136 です。get up は「起き上がる」という意味でrise と同じ意味を表しますが、wake up は「目が覚める」という意味なので、まだ起き上がっているかどうかはわからない状態を表します。

# How long 〜 ?

**疑** どのくらい（長く）〜か。

**例** **How long** have you been in Japan**?**

**訳** あなたはどのくらい日本にいるのですか。

---

**セットで暗記** 《「程度をたずねる」シリーズ》
- ❯ How old is he? 「彼は**何歳**ですか」 ▷053
- ❯ How tall is he? 「彼の**身長はどのくらい**ありますか」 ▷088
- ❯ How much is this pen? 「このペンは**いくら**ですか」 ▷019
- ❯ How far is it from here to the lake? ▷272
  「ここから湖までは**どのくらい遠い**ですか」
- ❯ How often have you been here? ▷087
  「きみはここに**何回来たことがあります**か」

# How old 〜 ?

**疑** 〜は何歳か。

**例** **How old** is she going to be next month**?**

**訳** 彼女は来月で何歳になるのですか。

---

**覚え方** He is how old.「彼は何歳です」が疑問文になって、Is he how old? となり、さらに how old が文頭に出て→How old is he? となります。

**ココが大切** この How old is he? が文の一部に組み込まれると〈**主語＋動詞**〉の語順になるので注意しましょう。

**例** I don't know how old he is.
「**彼が何歳だか**私は知らない」

## ◻ 054

# last year

**副** 昨年

例 We visited our uncle's house **last year**.

訳 私たちは昨年おじの家を訪れました。

> **覚え方** last 〜は「この前の」という意味で、あとに続く名詞には the をつけません。その他に last はいろいろな語と結びつきます。last week「先週」、last month「先月」、last night「昨夜」など。なお、「昨夜」は last night ですが、「昨日の朝」「昨日の午後」は yesterday morning、yesterday afternoon と表し、last 〜は用いません。

## ◻ 055

# Let me see.

**節** ええと。

例 Can you solve this math problem?
—**Let me see.** Oh, yes, it's easy.

訳 この数学の問題解けますか。
—ええと。ああ、うん、簡単です。

> **ココが大切** 話の途中で何かを思い出そうとしたり、質問に答えられないで考えるときなどに使うつなぎ言葉。日本語の「ええと；はてな」と同じように使います。

## ◻ 056

# How high 〜 ?

**疑** 《高さ》どれくらい高い〜か。

例 **How high** is that mountain**?**

訳 あの山の高さはどのくらいですか。

> **ココが大切** high は下（地面）からてっぺんまでの高さをたずねるときに使います。

☐ 057

# these days

### 副 このごろ

例 I have been very busy **these days**.

訳 このごろたいへん忙しい。

**覚え方** these days は「このごろ；最近」の意味で、現在形・現在進行形・現在完了形で用いられます。対義語 in those days 》195 は「当時は；そのころは」という意味の過去を表します。in those days には in がつきますが、these days にはつきません。

☐ 058

# take a bath

### 動 風呂に入る

例 You shouldn't **take a bath** when you have a cold.

訳 風邪をひいているときは風呂に入らないほうがいいですよ。

**覚え方** この場合の take は「〜を使う」という意味で、bath には a を忘れずにつけます。「シャワー」も同じです（take a shower）。また、take の代わりに have も使えます。

☐ 059

# What time 〜 ?

### 疑 何時に〜か。

例 **What time** are you going to have dinner**?**

訳 あなたは何時に夕食を食べる予定ですか。

**覚え方** 時刻をたずねるときに使う疑問詞です。What time is it (now)?「今、**何時ですか**」には、It is ＋時刻. で答えます。また、What time do[does / did] ＋ S ＋ V 〜?「S は**何時に〜しますか[しましたか]**」の場合には、S ＋ V 〜 at ＋時刻. で答えます。

◻ 060

# *be* sick in bed

🈺 病気で寝ている

㊀ Bill has **been sick in bed** for a week.

🈩 ビルはここ1週間病気で寝ています。

**ココが大切** 「病気である」はふつうアメリカ英語では、*be* sick、イギリス英語では*he* ill / *be* unwell が使われます。*be* sick のあとに to *one's* stomach を補うと「吐き気がする」の意味になります。

◻ 061

# as 〜 as …

🈓 …と同じくらい〜

㊀ My mother is **as** old **as** your father.

🈩 私の母はあなたのお父さんと同じ年齢です。

**ココが大切** 前のasが副詞、あとのasが「…であるように」の意味の接続詞。否定文になると、前のasのかわりにsoを使うことがあるので注意。「…ほど〜ではない」という意味になります。
㊀ My mother is **not so** old **as** your father.
「私の母はあなたのお父さん**ほど**年を取っていない」

◻ 062

# a little 〜

🈞 少しの〜

㊀ I have **a little** money now.

🈩 今、私は少しのお金を持っている。

**覚え方** aがあれば、**ある**に重きを置いて、「少し**ある**」と訳し、aがなければ、**ない**に重きを置いて、「ほとんど**ない**」と訳します。littleの後ろは不可算名詞です。

# at that time

### 副 そのときには

例 There were no cell phones **at that time**.

訳 そのときには携帯電話はありませんでした。

---

**セットで暗記**
❯ at any time「いつでも」
❯ at one time「かつては」
❯ at the same time「同時に」❯143

# by the way

### 副 ところで

例 **By the way**, have you had lunch yet?

訳 ところで、あなたはもう昼食を食べましたか。

---

**ココが大切** 文頭や文末で用い、会話の肝心な点を導く働きをします。

# *be* famous for ～

### 動 ～で有名である

例 New York **is famous for** its museums.

訳 ニューヨークは博物館で有名です。

---

**セットで暗記** famousはよい意味で「有名」な場合に用います。逆に悪い意味で「有名」
な場合は、notoriousを用います。forではなくasをくっつけると *be* famous as ～「～
として有名である」という意味になります。

# come in

**動** 入る

例 May I **come in**?

訳 入ってもいいですか。

**ココが大切** 部屋に入る場合にはinのあとには何も続けず、come inを単独で使うことが多く、come on inということもあります。

# call back

**動** 電話をかけなおす

例 May I take a message?
—That's OK. I'll **call back** later.

訳 ご伝言をうかがいましょうか。
—いいえ、結構です。あとでかけなおします。

**ココが大切** 目的語が代名詞のときは、代名詞を間に挟んで〈call ＋代名詞＋ back〉の語順になるので注意しましょう。
例 I'll call you back later on.
「のちほどこちらからお電話します」

# catch a cold

**動** 風邪をひく

例 He **caught a cold** yesterday.

訳 彼は昨日風邪をひいた。

**ココが大切** catch a coldが「風邪をひく」であるのに対して、「風邪をひいている」はhave a cold ≫115 になります。*is having a cold* と進行形にしないことが大切です。また、冠詞aを忘れずにつけましょう。

# go to school

**動** 学校へ行く

例 I couldn't **go to school** because I had a cold.

訳 私は風邪をひいたので学校へ行くことができませんでした。

**ココが大切** go to school や after school ≫005 などのように school が「授業」や「学業」を意味するときには冠詞は省かれます。

**セットで暗記**
❯ at school「学校で」≫006 　　❯ after school「放課後」≫005

# go home

**動** 家に帰る

例 We **went home** at ten last night.

訳 私たちは昨夜 10 時に家に帰りました。

**覚え方** home は「家に」という副詞なので、その前に to をつけません。また、相手のいる場所に向かう場合は go home ではなく、come home ≫044 を用います。
　　例 I'll come home soon.「もうすぐ**帰ります**」

# go to bed

**動** 寝る

例 What time did you **go to bed** yesterday?

訳 昨日は何時に寝ましたか。

**ココが大切** 名詞がその本来の目的や機能を表す場合、a や the をつけません。また、go to bed は「床につく；ベッドに入る」という意味で、必ずしも sleep「眠る」と同じ意味を表すわけではありません。

# have been to 〜

**動** 〜へ行ったことがある

例 I **have** never **been to** Tokyo Skytree.

訳 私は一度も東京スカイツリーに行ったことがありません。

---

**セットで暗記** have been to には2つの訳し方があるので注意。
**《経験》**
　例 Have you ever been to Tokyo Skytree?
　　—No. I have never been there.
　　「東京スカイツリーに今まで**行ったことがありますか**」
　　—「いいえ。私は一度もそこに行ったことはありません」
**《完了》**
　例 Where have you been?
　　—I have been to Tokyo Skytree.
　　「あなたはどこへ行ってきたのですか」
　　—「東京スカイツリーに行ってきたところです」

# Here you are.

**節** はいどうぞ。

例 Can I have a sheet of paper?
　—Sure. **Here you are.**

訳 紙を1枚もらっていい?
　—もちろん。はいどうぞ。

**覚え方** 人にものを渡すときなどに使う表現です。Here it is. とも言います。また、you が we になって Here we are. になると「さあ着きました」の意味になります。

# not ～ yet

### 副 まだ～ない

例 I have **not** done my homework **yet**.

訳 私はまだ宿題を終えていません。

**ココが大切** 現在完了形（have ＋過去分詞）の完了用法「～したところだ；～してしまった」の否定文で使われます。質問に対する答えの文で、省略して簡単にnot yetと答えることもできます。

例 Have you done your homework yet? —No, not yet.
「もう宿題を終えましたか。―いいえ、**まだです**」

# on TV

### 副 テレビで

例 We watched a soccer game **on TV**.

訳 私たちはテレビでサッカーの試合を見ました。

**覚え方** TV は tele-「離れた」vision「目に見えるもの」＝ television の略で、テレビ本体ではなく、映像を意味するため、a や the はつけません。テレビを見るという場合には watch を使い、watch TV とします。「テレビで～を見る」は watch ～ on TV となります。

# all right

### 副 都合のよい

例 Is tomorrow **all right** with you?

訳 明日は都合がいいですか。

**セットで暗記** all right は OK と同じ意味になります。OK は okey ともつづります。また、人さし指と親指をくっつけて丸を作るジェスチャーで OK を表します。

◻077

# *be* able to *do*

**動** ～することができる

例 I'll **be able to** do my homework in an hour.

訳 私は1時間で宿題を終わらせることができるでしょう。

**セットで暗記**
- ❷ 形容詞　able「できる」⇔ unable「できない」
- ❷ 名　詞　ability「能力」⇔ inability「無力」

◻078

# by bus

**副** バスで

例 We went to the library **by bus**.

訳 私たちはバスで図書館へ行きました。

**ココが大切** byの後ろには交通手段や通信手段を表す名詞の単数形がきて、その名詞には冠詞をつけません。また、同じ「手段」でも、道具や器具の場合はbyではなくwithを使います。

◻079

# *be* good at ～

**動** ～が得意である

例 My brother **is good at** playing tennis.

訳 私の兄はテニスが上手です。

**セットで暗記**
- = My brother is a good tennis player.
- = My brother can play tennis well.

# do *one's* best

**動** 最善をつくす

例 Try to **do your best**.

訳 最善をつくすように努めなさい。

**覚え方** best は good や well の最上級（good/well–better–best）ですが、ここでは「最もよいもの」という意味の名詞として使われています。*one's* は名詞の所有格。try *one's* best もほぼ同じ意味になります。

# don't have to *do*

**動** 〜する必要はない

例 You **don't have to** walk so fast.

訳 あなたはそんなに速く歩く必要はありません。

**ココが大切** 現在の文で主語が3人称単数のときは doesn't に、過去の文のときは didn't に変えます。また、don't need to *do* との書きかえができます。
= You don't need to walk so fast.

# each other

**代** お互いに

例 We got to know **each other** on our school trip.

訳 私たちは修学旅行でお互いに知り合った。

**ココが大切** each other は代名詞なので、*We talked each other.* としてはいけません。この場合は We talked with each other. 「私たちは**お互いに**話し合った」のように前置詞が必要になります。また、one another も同じ意味を表します。

◇ 083

# go *doing*

**動** 〜しに行く

例 Let's **go** shopp**ing** tomorrow.

訳 明日買い物に行きましょう。

---

**ココが大切** go *doing* のあとに場所を表す語が続くときには、「〜へ」につられずに、to 以外の前置詞を使う必要があります。
- ❯ go swimming in the river 「川へ泳ぎに行く」
- ❯ go shopping at the department store 「デパートへ買い物に行く」
- ❯ go sightseeing in France 「フランスへ観光旅行に行く」

---

◇ 084

# go back

**動** 戻る

例 She **went back** to the office after lunch.

訳 彼女は昼食後会社へ戻りました。

---

**ココが大切** 相手または話し手のほうへ戻る場合は come back ▷ 047 を、相手または話し手のいる場所から本来いるべき場所へ戻る場合は go back を用います。

---

◇ 085

# go for a walk

**動** 散歩する

例 Let's **go for a walk** in the park.

訳 公園で散歩しよう。

---

**覚え方** この場合の walk は名詞です。a をつけて「散歩；遠足」の意味になります。go for a walk も take a walk も「散歩する」の意味になります。

# Hold on.

**節** 《電話で》お待ちください。

例 **Hold on**, please.

訳 ちょっとお待ちください。

**覚え方** hold on は「持ったままでいる」という意味。そこから受話器を持ったままでいることをイメージすると、「お待ちください」の意味になることがわかるでしょう。

# How often 〜 ?

**疑** 何回 [何度] 〜か。

例 **How often** have you been to foreign countries**?**

訳 あなたは何回外国に行ったことがありますか。

**セットで暗記** 経験の回数をたずねる表現は How often 〜? と How many times 〜? ≫019 の2通りです。
経験の有無をたずねる場合は、現在完了のふつうの疑問文に ever を挿入して、Have you ever 〜? とします。

# How tall 〜 ?

**疑** 《身長・細長いものの高さ》どれくらい高い〜か。

例 **How tall** are you**?**

訳 あなたの背の高さはどれくらいですか。

**覚え方** tall は、人の身長や、細長くて高いものの高さをたずねるときに使います。

☐ 089

# on your right

**副** あなたの右側に

例 Go straight for 3 blocks and you'll see it **on your right**.

訳 3ブロックまっすぐ行くと、右手にそれが見えます。

**覚え方**《道案内の定番表現》
❯ Turn right[left]
❯ Go straight
and you'll see ～ on your right[left].
「右[左]に曲がれば[まっすぐ行けば]右[左]手に～があります」

☐ 090

# smile at ～

**動** ～にほほえみかける

例 My grandfather nodded and **smiled at** me.

訳 祖父は私に向かってうなずき、ほほえみかけた。

**覚え方** atの後ろには人を表す名詞・代名詞が続きます。同じ笑うでも laugh at ～ ≫237 になると「～をあざ笑う；～を笑いものにする」であまりよい意味ではなくなります。

☐ 091

# shake hands (with ～)

**動** (～と) 握手する

例 I entered the room, and **shook hands with** him.

訳 私は部屋に入り、彼と握手した。

**覚え方** shake は「ゆさぶる」の意味なので「手をゆさぶる」→「握手する」となります。 この意味では、相手に差し出す手が片方であっても常に複数形handsで用います。

# a few 〜

### 形 少しの〜

例 There are **a few** apples on the table.

訳 テーブルの上に少しのりんごがあります。

**覚え方** aがあれば、**ある**に重きを置いて、「少し**ある**」と訳し、aが**なければ**、**ない**に重きを置いて、「ほとんど**ない**」と訳します。fewの後ろは可算名詞です。

# over there

### 副 向こうに

例 We can see a lot of buildings **over there**.

訳 私たちは向こうにたくさんの建物を見ることができます。

**覚え方** あそこ（there）を越えて（over）という意味から、「向こうに」という意味になります。また、「向こうにある〜」という意味で形容詞の働き（名詞を修飾）をすることもあります。

　　例 The house over there is mine.
　　「**向こうにある**家は私の（家）です」

# arrive at 〜

### 動 〜に着く

例 They are going to **arrive at** the station soon.

訳 彼らはまもなく駅に到着します。

**セットで暗記**
- ❷ arrive at ＋場所　→ arrive at the station
- ❷ get to ＋場所　　→ get to the station ▶145
- ❷ reach ＋場所　　→ reach the station

☐ 095

# a glass of 〜

**形** （コップ）1杯の〜

例 My brother drinks **a glass of** milk every morning.

訳 弟は毎朝牛乳をコップ1杯飲みます。

---

**セットで暗記** water や milk などのコップで飲む冷たい飲み物には a glass of 〜 を使います。tea や coffee などのカップで飲む温かい飲み物には a cup of 〜 を使います。
　例 Would you like another cup of tea? 「お茶をもう**1杯**いかがですか」

**ココが大切** 2杯以上のときは glass/cup を複数形にします。
　例 two glasses of water「**コップ2杯の水**」

---

☐ 096

# take 〜 to …

**動** 〜を…に連れていく；〜を…に持っていく

例 My parents **took** me **to** the zoo last Sunday.

訳 両親はこの前の日曜日に私を動物園に連れていってくれました。

---

**覚え方** take A to B で「A（人）を B（場所）に連れていく」、「A（もの）を B（場所）に持っていく」と覚えましょう。

**セットで暗記** take A to B と同じ形を取る熟語をセットで覚えましょう。
❯ introduce A to B「A を B に紹介する」 ≫297
❯ invite A to B「A を B に招待する」

**ココが大切** bring も同じ形を取りますが、take が「ある場所から別の場所に連れていく」という意味なのに対して、bring は「別の場所から相手のいる場所に連れてくる［連れていく］」という意味になります。
　例 May I bring my friends to the party?
　「友達をパーティーに連れていってもいいですか」

# agree with 〜

**動** 〜に賛成する；〜の意見に同意する

例 I **agree with** you.

訳 私はあなたに賛成です。

**セットで暗記** 「〜に反対する；〜と意見が合わない」はdisagree with 〜と表します。dis-は「反対」を意味する接頭辞です。
　　例 I disagreed with him.「私は彼と**意見が合わなかった**」

# next to 〜

**副** 〜の隣に

例 Can I sit **next to** you?

訳 あなたの隣に座ってもいいですか。

**セットで暗記** next to、by、nearの違いを整理しましょう。
◉ next to 〜：「〜の隣に」
　　例 A famous artist lives **next to** my house.
　　　「有名な芸術家が私の家の**隣に**住んでいます」
◉ by 〜：「〜のすぐそばに」
　　例 She lives **by** the sea. 「彼女は海の**すぐそばに**住んでいます」
◉ near 〜：「〜の近くに」
　　例 She lives **near** the sea. 「彼女は海の**近くに**住んでいます」
※ next toは「隣接している」場合に使います。byはnearより近いイメージです。by the seaだと、海が見える程度の距離がイメージされ、near the seaだと、海から数キロメートル離れている場合もあることがイメージされます。また、歌や映画でおなじみの『Stand by Me』の意味は「私のすぐそばにいて。私のことを（すぐそばで）支えて」ですが、このbyをnearに置き換えると、伝えたいニュアンスが異なってしまいます。

# want to *do*

**動** ～したい（と思う）

例 My sister **wants to** go abroad.

訳 姉は海外に行きたいと思っています。

**ココが大切** want to be ～は「～になりたい（と思う）」です。

例 What do you want to be in the future?「あなたは将来何になりたいですか」 ≫156

**セットで暗記** want の後ろに目的語として動詞がくるときは不定詞（to *do*）のみを取ります。後ろに不定詞のみがくるもの・不定詞と動名詞のどちらも取れるもの・動名詞のみを取るものを区別して覚えましょう。

● 不定詞のみを取るもの
　　hope to *do*「～することを望む」、decide to *do*「～することを決めている」 ≫149 、
　　would like to *do*「～したいのですが（want to *do* より丁寧な表現）」

● 不定詞と動名詞のどちらも取れるもの
　　like to *do* / like *doing*「～することが好きだ」、begin[start] to *do* / begin[start]
　　*doing*「～し始める」

● 動名詞のみを取るもの
　　enjoy *doing*「～して楽しむ」 ≫010 、finish *doing*「～し終える」、stop *doing*「～するのをやめる」 ≫245

# Chapter

# 2

# 公立高校入試レベル
# 100〜305

公立高校の入試問題に出題される語順整序（並べかえ）や長文読解の中で使われる熟語を集めました。これらの熟語をマスターすれば、多くの中学生が苦手な英作文も上手にできるようになります。

# as ～ as *one* can

**副** できる限り～

例 I ran **as fast as I could** to catch up with her.

訳 私は彼女に追いつこうとできる限り速く走った。

**セットで暗記** as ～ as possible との書きかえが可能。as ～ as *one* possibly can という 2 つの表現を合わせた強調の形もあります。

# a kind of ～

**形** ～の一種

例 This is **a kind of** tea.

訳 これはお茶の一種です。

**セットで暗記**
- ❯ many kinds of ～「いろいろな種類の～」
- ❯ all kinds of ～「あらゆる種類の～」
- ❯ kind of「ある程度」
- ❯ ～ of a kind「一種の～；名ばかりの～」

# as far as ～

**接** ～の限りでは

例 **As far as** we know, the earth is the only planet to have oceans.

訳 私たちの知る限りでは、地球は海がある唯一の惑星である。

**覚え方** far には「(距離が) 遠い」という意味と「(程度・時間が) はるかに」という 2 つの意味があります。この場合は、「私たちが知る程度の範囲」と考えるとよいでしょう。

# have a chance to *do*

**動** 〜する機会がある

例 I **had a chance to** talk with people from different countries.

訳 私はさまざまな国の人々と話をする機会がありました。

**セットで暗記**
- ❯ give a chance「チャンスを与える」
- ❯ seize a chance「チャンスをつかむ」
- ❯ get a chance「チャンスを得る」
- ❯ miss a chance「チャンスを逃す」

# *be* interested in 〜

**動** 〜に興味がある

例 I **am interested in** Japanese history.

訳 私は日本の歴史に興味があります。

**セットで暗記** 過去分詞 interested を現在分詞 interesting にして書きかえることができます。
= Japanese history is interesting to me.

# *be* made of 〜

**動** 〜からできている

例 The bridge **is made of** stone.

訳 その橋は石でできている。

**覚え方** of の後ろには、質が変化せず、見た目にもとの材料がわかるものがきます。

# *be* sad to *do*

**動** 〜して悲しい

例 I'm very **sad to** say goodbye to my school friends.

訳 学校の友達に別れを告げるのはとても悲しいです。

**セットで暗記** *be* sad to *do* の対義語は *be* happy[glad] to *do* で「〜してうれしい」になります。

# *be* worried about 〜

**動** 〜について心配する

例 He **is worried about** something.

訳 彼には何か心配事がある。

**セットで暗記** 《「心配するな」シリーズ》
- Don't worry.　　　　　　　　「気にしなくていい」
- Don't worry about a thing.　「何も心配することはない」
- Nothing to worry about.　　「何も心配しなくていい」
- Not to worry.　　　　　　　　「心配することはない」

# come true

**動** (夢・予言など) が実現する

例 You can make your dream **come true** by working hard.

訳 一生懸命努力することで夢を実現させることができる。

**ココが大切** come は好ましい語と、go は好ましくない語と結びつく。
- come true 「実現する」　　　・go bad 「腐る」
- come right 「うまくいく」　・go wrong 「まずい結果になる」
- come alive 「生き返る」　　・go bankrupt 「破産する」

# from time to time

**副** ときどき

**例** I still think about her **from time to time**.

**訳** 私は今でもときどき彼女のことを思い出す。

**セットで暗記** from time to time = sometimes
- ❷ from place to place「あちらこちらに」
- ❷ from year to year「年とともに；年々」

# find out

**動**（調査などの結果）を見つけ出す；（真相）を知る

**例** The police will **find out** the truth of the accident.

**訳** 警察はその事故の真相を見つけ出すでしょう。

**ココが大切** まだ知られていない、もしくは隠された事実などを見つける意味での「見つけ出す」で、なくし物や落とし物を見つけ出すという意味では用いないので注意しましょう。

# for a long time

**副** 長い間

**例** I haven't seen you **for a long time**.

**訳** お久しぶりです。

**セットで暗記**《「お久しぶり」シリーズ》
- ❷ Long time no see.
- ❷ It's been an age[a long time] since I saw you last.
- ❷ I haven't seen you in ages.

# get out of ～

**動** ～から外に出る；～から降りる

例 He **got out of** the room.

訳 彼は部屋から出ていった。

**ココが大切** get out of ～のofを取って命令文にすると Get out!「**出て行け！**」、後ろに目的語を取ると、He got out a pen.「彼はペンを**取り出した**」といった意味になります。

# go abroad

**動** 外国へ行く

例 I want to **go abroad** and work.

訳 私は外国へ行って働きたい。

**覚え方** abroadは「海外へ；外国へ」という意味の副詞なので、前にto などの前置詞は置きません。

**セットで暗記**
❯ study abroad「留学する」

# go away

**動** 立ち去る

例 Please open the door. ―No, **go away**!

訳 お願いだからドアを開けて。―いや、どこか行って！

**ココが大切** go away は後ろに目的語を取りません。「～から立ち去る」と言いたい場合には、fromをつけて go away from ～の形にします。
例 They went away from there.
「彼らはそこから立ち去った」

# have a cold

**動** 風邪をひいている

例 My mother **has a cold**.

訳 私の母は風邪をひいている。

**セットで暗記** 《風邪のひきはじめから回復までの流れ》
- 風邪気味だ→ feel a cold　　- 風邪をひく→ catch a cold ▶068
- 風邪でダウンする→ come down with a cold
- 風邪を撃退する→ shake off a cold

# have a hard time

**動** 苦労する；つらい目にあう

例 We **had a hard time** (of it).

訳 私たちはつらい目にあった。

**覚え方** have a hard time は it is hard (for A) to 〜に書きかえることができます。
例 I have a hard time when I read long sentences.
「長い文を読むとき、私は苦労します」
= It is hard for me to read long sentences. ▶196

# in a hurry

**副** 急いで；あせって

例 How about a cup of tea, if you aren't **in a hurry**?

訳 お急ぎでなかったら、お茶はいかがですか。

**覚え方** hurry up「急ぎなさい」の hurry は動詞ですが、この場合は名詞「急ぎ」。in no hurry にすると、「急がずに」の意味になります。

公立高校入試レベル

# It's kind of you to *do* ～ .

**節** ～してくれてありがとう。

**例** **It's kind of you to** send me the CD.

**訳** CD を送ってくれてありがとう。

**ココが大切** 〈It's kind of you to ＋動詞の原形～ . 〉は 〈Thank you for ＋動詞の ing 形～ . 〉
**》278** に書きかえることができます。
= Thank you for sending me the CD.
※この場合の for は「～のために」という理由を表す前置詞です。

# Just a moment.

**節** ちょっと待って。

**例** **Just a moment**, please.

**訳** ちょっと待ってください。

**覚え方** moment は「ちょっとの時間」の意味です。Just a moment. は Wait a moment.
と同じ意味です。

**セットで暗記**
- in a moment「ただちに」　　- at any moment「いつなん時」
- for a moment「ちょっとの間」

# keep (on) *doing*

**動** ～し続ける

**例** They **kept on** sing**ing** the whole time.

**訳** 彼らはその間じゅう歌い続けた。

**覚え方** keep on *doing* はある行動や状態が継続することを表します。go (on) *doing* も
同じ意味になります。
= They went (on) singing the whole time.

# I'd like to *do* ～ .

**節** ～したいのですが。

例 Mike, **I'd like to** introduce my friend to you.

訳 マイク、私の友達をあなたに紹介したいのですが。

**覚え方** I'd like to は I would like to の短縮形で、want to よりも丁寧な言い方になります。また、want to 同様、to の後ろは動詞の原形になります。疑問形になると「～しませんか」という勧誘の表現になります。
例 Would you like to go shopping with me?
「私と一緒に買い物に行き**ませんか**」

# look into ～

**動** ～を調べる

例 The police are **looking into** the cause of the accident.

訳 警察は事故の原因を調査中である。

**覚え方** into の基本イメージは「～の中へ」です。「～の中を集中して見る」→「～の中をのぞく」というところから「～を調べる」の意味が出てきます。

# little by little

**副** 少しずつ

例 Learn **little by little** every day.

訳 毎日少しずつ学びなさい。

**覚え方** この by は「～ごとに」の意味。little by little 以外にも、day by day「日ごとに」、one by one「1つずつ」 ▶▶124 、step by step「一歩一歩」などの表現があります。

# one by one

**副** 1つずつ；1人ずつ

例 **One by one**, the boys came to see what I was reading.

訳 少年たちは1人ずつ、私が何を読んでいるのか見に来た。

**セットで暗記** 「A by A」で「～ずつ」という程度を表します。
- ❯ case by case「一件一件」
- ❯ step by step「一歩一歩」
- ❯ little by little「少しずつ」 ❯❯123

# once upon a time

**副** 昔々

例 **Once upon a time**, there was a little girl in a village.

訳 昔々、ある村に1人の少女が住んでいました。

**覚え方** おとぎ話の最初に使われる表現で、long, long ago も同じ意味で使われます。「かつて（once）、あるときに（a time）～がありました」と覚えましょう。

# one day

**副** ある日

例 **One day** I met my teacher at the library.

訳 ある日私は図書館で先生に会いました。

**覚え方** one は「ある～」という意味で、次のように使い、いずれも過去のことを表します。
- ❯ one morning「ある朝」
- ❯ one afternoon「ある午後」
- ❯ one night「ある晩」

# stay with ～

**動** ～の家に泊まる

例 Jim **stayed with** us while he was in Japan.

訳 ジムは日本にいる間、私たちの家に滞在した。

**ココが大切**
- ❯ stay with ＋人 → （人）の家に泊まる
- ❯ stay at ＋場所 → 家やホテルなど比較的狭い場所に滞在する
- ❯ stay in ＋場所 → 国など比較的広い場所に滞在する

# point out

**動** ～を指摘する

例 Jim **pointed out** some grammatical mistakes in my composition.

訳 ジムは私の作文の文法的な誤りをいくつか指摘してくれた。

**覚え方** outには「大声で；はっきりと」という意味もあります。したがってpoint out は「はっきりと指し示す」→「指摘する」という意味になります。

# spend （時間）（in） *doing*

**動** ～して（時間）を過ごす

例 I **spent** two hours (**in**) watch**ing** a baseball game on TV.

訳 私はテレビで野球の試合を見て2時間を過ごした。

**覚え方** spendには「お金を使う」「時間を費やす」「力を使い果たす」などの意味があります。
- ❯ spending money = pocket money「小遣い銭」

公立高校入試レベル

# the way to ～

## 名 ～へ行く道；～する方法

例 Excuse me, could you tell me **the way to** the station?

訳 すみません、駅までの行き方を教えていただけますか。

**覚え方** way には「方法」という意味もありますが、この場合は「道すじ」という意味。〈the way to ＋到達地点〉で「～へ行く道」になります。Excuse me, could you tell me the way to ～？ までを覚えておくと、道をたずねるときに役立ちます。

# seem to *do*

## 動 ～するように思われる

例 You **seem to** have a cold.

訳 風邪をひいているようですね。

**覚え方** seem は話し手の印象、look はだれが見てもそう見えるということを意味します。
You seem to have a cold. ≫115
→話し手には風邪をひいているように見える。
You look having a cold.
→だれが見ても風邪をひいているように見える。

# which（名詞）to *do*

## 疑 どちら（の名詞）を～したらよいか

例 Could you tell us **which** bus **to** take?

訳 どのバスに乗ればいいのか私たちに教えてくださいませんか。

**セットで暗記** 間接疑問文との書きかえとセットで覚えましょう。
= Could you tell us which bus we should take?

# too ～ to …

## 副 あまりに～なので…できない

例 This book is **too** difficult for me **to** read.

訳 この本は私にとってあまりに難しいので読むことができない。

**覚え方** too ～ to … = so ～ that S can't V ⟫192 の書きかえは常に意識しましょう。
= This book is **so** difficult that I can't read it.
※that 以下の文は目的語を含んだ完全な文になります。

# talk to *oneself*

## 動 独り言を言う

例 He **talked to himself**.

訳 彼は独り言を言った。

**覚え方** say to *oneself*「心の中で思う」⟫206 と混同しないように注意。ブツブツと言葉を発しているのは talk to *oneself* のほうです。

# talk to ～

## 動 ～と話す

例 I want to **talk to** Mr. Smith.

訳 私はスミスさんと話をしたいです。

**覚え方** talk to ～は「～に話しかける」、talk with ～は「～と話し合う」の意味になります。また、speak と talk の使い分けですが、speak は 1 人が他の人たちに話す場合に使い、talk は複数の人の会話の場合に使うと覚えましょう。

# wake up

### 動 目が覚める；（人の）目を覚まさせる

例 I **woke up** quite early but didn't get up until seven.

訳 私はかなり早く目が覚めたが、7時まで起きないでいた。

**セットで暗記** wake と up の間に「人」を入れて〈wake ＋人＋ up〉にすると「（人）を起こす」という意味になります。
　　例 Please wake me up at seven tomorrow morning.
　　　「明日の朝7時に**起こしてください**」

# write down

### 動 〜を書き留める

例 Please **write down** your name, address, and phone number here.

訳 どうぞここにあなたの住所、氏名、それに電話番号を書いてください。

**覚え方** 通常 write down 〜 here[on the paper/in the notebook] などの形で使われますので、「ここ」や「紙」、「ノート」に「書き落とす」→「書き留める」と考えると覚えやすいです。

# Will you 〜 ?

### 助 〜してくれませんか。

例 **Will you** lend me your bike**?**

訳 私にあなたの自転車を貸してくれませんか。

**覚え方** will は「意志」を表す助動詞なので、「あなたに〜する意志はありますか」とたずねる意味から、「〜してくれませんか」という意味になります。〈Please ＋命令文〉との書きかえができます。
　= Please lend me your bike.

# Why don't we 〜 ?

**疑** （いっしょに）〜しませんか。

**例** **Why don't we** go to the zoo**?**

**訳** 動物園に行きませんか。

**覚え方** 親しい人に対して、話し手自身を含めた提案をする場合に用います。Let's 〜 . と書きかえることができます。
= Let's go to the zoo.

# Why don't you 〜 ?

**疑** 〜してはどうですか。;〜しませんか。

**例** **Why don't you** come with me**?**

**訳** 私といっしょに行きませんか。

**覚え方** 親しい人に対して丁寧に提案をするとき、あるいは軽く命令をするときに使う表現です。What[How] about 〜 ? ▶193、217 との書きかえができます。動詞が原形なら〈Why don't you ＋動詞の原形 〜 ?〉、ing形なら What about 〜 ing? と覚えておきましょう。

# Would you like 〜 ?

**助** 〜はいかがですか。

**例** **Would you like** something to drink**?**

**訳** 何か飲み物はいかがですか。

**覚え方** 丁寧にものをすすめるときに用います。答えるときには、Yes, please./No, thank you. を用います。to不定詞を補って Would you like to 〜 ? とすると「〜しませんか」の意味になります。What would you like?「何になさいますか」は店員が注文をたずねるときに使います。

# as usual

**副** いつものように

📖 Her singing was very impressive, **as usual**.

📝 彼女の歌はいつものようにとても感動的だった。

**覚え方** as は「〜と同じ」、usual は「いつもの;普段の」の意味なので、「いつもと同じ」「普段と同じ」と覚えましょう。

# at the same time

**副** 同時に

📖 Father and mother came home **at the same time**.

📝 父と母は同時に家に帰ってきました。

**セットで暗記** 《sameを使った決まり文句》
- ❯ I'll have the same. 「私も同じものを」
  （レストランで注文するとき）
- ❯ Same to you! 「あなたもご同様に！」
  （A happy new year! や Good luck! に答える言葉）
- ❯ Thanks all the same. 「とにかくありがとう」
  （相手の好意が実らなかったときなどに）

# because of 〜

**句** 〜のために

📖 My family moved to London **because of** my father's job.

📝 私の家族は父の仕事のためにロンドンに引っ越した。

**ココが大切** because は 〈by + cause〉で「理由によって」の意味です。人やものが何かの原因や理由であることを表します。

# get to ～

**動** ①《get to ＋（代）名詞で》～に到着する
②《get to *do*で》～するようになる

例 ① Could you tell me how to **get to** the station?

訳 駅までどうやって行くのか教えていただけますか。

例 ② How did you **get to** know her?

訳 どのようにして彼女を知るようになったのですか。

**ココが大切** ①の get to のあとには〈場所〉を表す名詞・代名詞が続きますが、その場所が home や there などの副詞とともに用いられる場合は、to が不要になります。
例 Mike got home at five.
「マイクは5時に**帰宅した**」

# by *oneself*

**副** ①独りぼっちで　②独力で

例 ① The girl is used to playing all **by herself**.

訳 その女の子は独りぼっちで遊ぶのに慣れている。

例 ② She is now well enough to wash her hair **by herself**.

訳 彼女は今では自分で髪を洗えるほど元気になった。

**ココが大切** 「自分ひとりで」の意味で by *oneself* と for *oneself* を混同しがちですが、for *oneself* には「自分のために」という意味があり、by *oneself* には「独りぼっち」の意味があります。
例 You must find out the answer for yourself.
「**自分で**［ために］答えを見つけなさい」

公立高校入試レベル

# come to an end

**動** 終わる

例 The summer vacation has **come to an end**.

訳 夏休みが終わった。

**覚え方** end は「終わり；最後；結末」を表す数えられる名詞。つまり、「終わりのところまで来る」という意味です。end の頭文字が母音なので、an end になることに注意してください。

# differ from ～

**動** ～と異なる

例 Our way of life **differs from** that of America.

訳 私たちの生活様式はアメリカのとは異なっている。

**セットで暗記** differ from ～の同義語 be different from ～の対義語は be the same as ～「～と同じ」です。
⇔ Our way of life is the same as that of America.
「私たちの生活様式はアメリカのと同じである」

# decide to *do*

**動** ～することを決めている

例 I **decided to** join the soccer club.

訳 私はサッカー部に入ることに決めたよ。

**セットで暗記** make up *one's* mind to *do* ≫378 「～しようと決心する」と書きかえることができます。
= I made up my mind to join the soccer club.

# get on ～

**動** (バスや電車) に乗る

例 **Get on** the bus here, and get off at the last bus stop.

訳 ここでバスに乗って、最後のバス停で降りてください。

**セットで暗記** get on ～は大勢を運ぶ電車・バス・飛行機に乗る場合に、get in ～は乗用車やタクシーに乗る場合に用います。

# out of ～

**副** ～から

例 Two boys ran **out of** the classroom.

訳 2人の少年が教室から走り出てきました。

**覚え方** out of ～は「～から外へ」という意味の前置詞で、後ろには名詞がきます。対義語はinto ～「～の中へ [に]」です。

# get in touch with ～

**動** ～と連絡をとる

例 I'll **get in touch with** Tom by phone tomorrow.

訳 明日電話でトムに連絡するつもりだ。

**セットで暗記**
- keep [*be*] in touch with ～「～と連絡をとりあう」 »298
  - 例 He keeps[is] in touch with his friend abroad.
    「彼は海外の友達と絶えず連絡をとっている」
- lose in touch with ～「～と連絡がなくなる」
  - 例 He lost in touch with his friend abroad.
    「彼は海外の友達との連絡が途絶えていた」

# help A with B

### 動 AのBを手伝う [助ける]

例 Will you have a little time to **help** me **with** my homework?

訳 私の宿題を手伝ってくれる時間は少しありますか。

**覚え方** Aには「人」が来て、Bには手伝ってもらう「仕事や事柄」がきます。つまり「A（人）がB（仕事）するのを手伝う」と考えましょう。

# had better *do*

### 動 〜したほうがよい

例 Well, I think I**'d better** be going now.

訳 さあ、そろそろおいとましたほうがいいと思うわ。

**ココが大切** had betterで1セットなので、否定文「〜しないほうがよい」はhad better notの語順になります。*had not better*にしないよう注意しましょう。

# for the first time

### 副 初めて

例 **For the first time** in her life, Yuka has finished reading an English book.

訳 由香は生まれて初めて英語の本を読み終えた。

**ココが大切** 混同しやすい熟語にat first ▷001 がありますが、at firstは「初めは〜であったが、その後そうではなくなった」という場合に用い、for the first timeは「初めて」の経験を表すときに用います。

# in the future

**副** 将来は；今後は

例 We can't know what knowledge will be needed **in the future**.

訳 将来何の知識が必要とされるかは、私たちにはわからない。

**セットで暗記** 「近い」という意味のnearをつけて、in the near futureとすると「近い将来」という意味になります。また、theのつかないin futureは「今後」という意味になります。

# hundreds of ～

**形** 何百もの～

例 **Hundreds of** people went to the meeting.

訳 何百人もの人々がその集会に行きました。

**ココが大切** 「200」はtwo hundred、「300人の少年」はthree hundred boysというようにhundredにsはつけません。ただしhundredの後ろが〈of＋名詞〉の場合、hundredsになるので要注意！

# have[take] a rest

**動** 休憩をとる

例 Let's **have a rest** here.

訳 ここで休憩をとりましょう。

**セットで暗記**《restを使った会話表現》
⊙ Give it a rest.「静かにしろ；いい加減に黙れ」
　→itは口を指し、「口を休めろ」の意味になります。
⊙ Give me a rest.「もうやめてくれ；もういい加減にしてくれ」

# leave for 〜

### 動 〜へ出発する

例 My father **left for** London this morning.

訳 私の父は今朝、ロンドンへ出発しました。

**覚え方** leave は「出発する」という意味の動詞。for は「〜に向かって」という意味の前置詞。for の後ろには行き先を表す単語がきます。

# leave A for B

### 動 A をたって B へ向かう

例 My father **left** Japan **for** London this morning.

訳 私の父は今朝、日本をたってロンドンへ向かいました。

**セットで暗記**
- ❯ leave A「A を出発する」
- ❯ leave for B「B に向けて出発する」 ≫159
- ❯ leave A for B「B に向けて A を出発する」

# look like 〜

### 動 〜のように見える

例 He **looks like** a doctor.

訳 彼は医者のように見えます。

**ココが大切** look like の後ろに名詞が続くと「〜のように見える；〜しそうだ」という意味になります。

例 It looks like rain.「雨が降りそうだ」

また、look の後ろが形容詞の場合は like は不要になります。

例 He looked happy at his birthday party.
「彼は誕生日会で幸せそうに見えた」

# most of ～

**形** ～の大部分

例 **Most of** the students read the book.

訳 生徒の大部分はその本を読みました。

**ココが大切** most of のあとが名詞・代名詞の複数形ならば複数扱い、数えられない名詞ならば単数扱いになります。

◻163

# make a speech

**動** スピーチをする

例 He **made a speech** at the dinner party.

訳 彼は夕食会でスピーチをした。

**セットで暗記**
- **speech：人前で行う演説**
  a short speech at the wedding「結婚式での短いスピーチ」
- **address：公式な演説**
  the keynote address「基調演説」
- **talk：ある主題に対しての講演**（※ talks になると「会談」）
  a talk on solar energy「太陽エネルギーについての講演」

◻164

# No problem.

**節** かまいませんよ。

例 Could you take a photo of us? —**No problem.**

訳 私たちの写真を撮っていただけますか。—かまいませんよ。

**覚え方** 「問題がない」という意味で、いろいろな返事に使えます。依頼に対しては「かまいませんよ；いいですよ」、感謝に対しては「どういたしまして」と訳します。

# of course

**副** もちろん

例 **Of course** we will help you.

訳 もちろん私たちはあなたを手伝うつもりです。

**覚え方**「もちろん」「当然」という意味を文全体につけ加える働きを持つ表現です。Yes, of course. にすると、相手に答える場合に、肯定することを強めた表現になります。
　　例 Do you like video games? —Yes, of course.
　　「あなたはテレビゲームが好きですか。—**もちろん好きです**」

# on business

**副** 仕事で

例 My father will go to Asia **on business** next week.

訳 私の父は来週仕事でアジアに行きます。

**覚え方** この on は「〜にたずさわって；〜の用向き」の意味で、「仕事の用事で」という意味になります。「遊びで；休暇で」と言う場合は、on vacation になります。
　　例 My father will go to Asia on vacation next week.
　　「私の父は来週**休暇で**アジアに行きます」

# suffer from 〜

**動** （病気など）を悩む；〜で苦しむ

例 It's been a week, but I'm still **suffering from** jet lag.

訳 1週間たったけど、ぼくはまだ時差ぼけに苦しんでいる。

**覚え方** 一時的な病気の場合には進行形で、慢性的な病気の場合は、現在形または過去形で表します。

# show up

**動** ①現れる　②目立つ

例 ① Beth was looking forward to meeting him, but he never **showed up**.

訳 ベスは彼と会うことを期待していたが、彼は現れなかった。

例 ② Red **shows up** well against a white background.

訳 赤は白をバックにするとよく目立つ。

**覚え方** 「見せるために上にあげる」から①の「現れる」（＝ appear）や、②の「目立つ」（＝ stand out）という意味を連想しましょう。

# show *one* around

**動**（人）を〜に案内する

例 May I **show** you **around**?

訳 ご案内しましょうか。

**覚え方** around の後ろに何もつけないと「その辺りを案内する」の意味になり、後ろに場所を表す語をつけると「その場所を案内する」という意味になります。

# try on

**動** 〜を試しに身に着ける

例 May I **try** this **on**?

訳 これを着てみてもいいですか。

**覚え方** 服・帽子・眼鏡・靴・指輪などを試しに身に着けてみる場合に用いる表現。目的語が代名詞のときは〈**try** ＋**代名詞**＋ **on**〉の語順になります。

公立高校入試レベル

# thanks to 〜

**副** 〜のおかげで

例 **Thanks to** this book, I learned some facts about this insect.

訳 私はこの本のおかげでこの昆虫についていくつかの事実を知った。

**セットで暗記** thanks toの後ろは名詞です。また、よい意味ばかりでなく、悪いことの原因や理由を表すこともできます。

例 We can't go out thanks to bad weather.
= We can't go out because of bad weather. 》144
「私たちは悪天候**のために**外出できません」

# take after 〜

**動** 〜に似ている

例 Which of your parents do you think you **take after**?

訳 あなたはご両親のどちらに似ていると思いますか。

**覚え方** この場合のafterは name after 〜「〜の名をとって」と同じ役割があります。直系の親族と容姿・性質・行動などが似ている場合に用います。

# turn out

**動** 〜であることがわかる

例 Kumi **turned out** to be a good singer.

訳 クミは歌が上手だということがわかった。

**覚え方** 〈turn out to be ＋名詞［形容詞］〉の語順で、「〜であることがわかる」という意味になります。
= It turned out that Kumi was a good singer.

# how to *do*

### 疑 ～の仕方

例 Could you tell me **how to** use a computer?

訳 コンピューターの使い方を教えていただけますか。

**セットで暗記** 《〈疑問詞＋to〉シリーズ》
〈疑問詞＋to〉は動詞の目的語として使います。
- what to do next 「次に**何を**したらよいか」 »292
- when to start 「**いつ**出発したらよいか」 »293
- where to go 「**どこへ**行けばいいのか」 »204
- which way to go 「**どちらの**道を行けばいいのか」 »132

□175

# take a look at ～

### 動 ～をひと目見る ; ～をちょっと見る

例 Let's **take a look at** it.

訳 それをひと目見ておこう。

**覚え方** この場合のlookは名詞で、「見ること」の意味です。
a lookは「一見；ひと目」の意味から、「～をひと目見る」「～をちょっと見る」の意味
になります。

□176

# That's too bad.

### 節 それはいけませんね。

例 I have a cold. —**That's too bad.**

訳 風邪をひいています。―それはいけませんね。

**覚え方** 会話文で、あまりよくない話を聞いたときの決まり文句。
It's too bad.とも言います。また、justやreallyをつけて相手への思いやりを強めるこ
ともできます。

# such as 〜

**形** 〜のような

例 New York has many places to see **such as** the Statue of Liberty.

訳 ニューヨークには自由の女神のような見るべき場所がたくさんある。

**ココが大切** such asの後ろには前で述べたもの（この場合は見るべきたくさんの場所）の例が続きます。

# run across

**動** 〜に偶然出会う；〜を偶然見つける

例 I **ran across** an old friend of mine at the party the other day.

訳 私は先日パーティーで旧友に偶然出会った。

**覚え方** run acrossは文字通り、「走って渡る」ですが、acrossはcross「十字架」から派生した単語です。「走っていると〜と交差する」というイメージから「偶然出会う［見つける］」という意味を連想してみましょう。

# the ＋ 比較級 〜 , the ＋ 比較級 …

**副** 〜であればあるほど，いっそう…

例 **The more** we learn, **the more** we realize how little we know.

訳 私たちは学べば学ぶほどいかに少ししか知らないかがわかる。

**覚え方** 前のtheは「〜するだけ」の意味。後ろのtheは「それだけ」の意味を表し、「〜するだけ、それだけ…」→「〜であればあるほど、いっそう…」という意味になります。

# *be* absent from 〜

**動** 〜を欠席している

例 The boy **was absent from** school yesterday.

訳 その少年は昨日、学校を欠席した。

**ココが大切** absentは「ない；いない」という状態を意味します。*be* absent from home になると「留守にしている」という意味になるので注意しましょう。

# *be* afraid of 〜

**動** 〜をおそれる；〜を心配する

例 Don't **be afraid of** making small mistakes.

訳 小さな間違いを犯すことをおそれてはいけません。

**ココが大切** *be* afraid の後ろにto不定詞がくると「怖くて〜できない」の意味になります。
　例 The boy was afraid to play in the park.
　　「その男の子は**怖くてその公園で遊べなかった**」

# *be* different from 〜

**動** 〜とは違っている

例 His opinion **is**n't **different from** mine.

訳 彼の意見は私の意見とは違っていない。

**セットで暗記** different/differ/differenceの書きかえを覚えましょう。
= His opinion doesn't differ from mine. ≫148
= There is no difference between his opinion and mine.

公立高校入試レベル

# belong to 〜

**動** 〜に属している

例 I **belong to** the tennis club.

訳 私はテニスクラブに所属しています。

**ココが大切** おもに人・ものの所有・所属を表します。また Whales belong to the mammal class.「クジラは哺乳類**である**」のように分類を表すこともあります。

# *be* born

**動** 生まれる

例 I **was born** in Chicago.

訳 私はシカゴで生まれました。

**覚え方** born は、動詞 bear「産む」の過去分詞形で、bear–bore–borne（born）と活用します。born は *be* born という形のときだけで、他の場合はすべて borne が使われます。
例 She has borne three sons.「彼女は3人の息子**を産んだ**」

# *be* covered with 〜

**動** 〜に覆われている

例 In winter, the mountain will **be covered with** snow.

訳 冬になると、その山は雪で覆われるでしょう。

**セットで暗記** The mountain will be covered with snow. の書きかえは、Snow will cover the mountain.。また、cover A with B で、「A を B で覆う」の意味になります。
例 She covered her face with her hands.
「彼女は両手で顔を覆った」

# don't need to *do*

**動** 〜する必要はない

例 You **don't need to** be afraid.

訳 怖がらなくていいよ。

**ココが大切** 現在の文で主語が3人称単数のときは、doesn'tに、過去の文のときはdid'n't に変えます。また、don't have to *do* ▶︎081 との書きかえができます。
= You don't have to be afraid.

# every［each］time 〜

**接** 〜するたびに

例 He brought us a small gift **each time** he visited us.

訳 彼は私たちを訪ねるたびにちょっとしたみやげを持ってきた。

**ココが大切** every「どれもこれもみんな」とeach「めいめい」は個別的に全体を述べる 語なので、後ろには単数形の名詞がきます。それに対してallは全体をまとめて述べる 語なので、後ろには複数形の名詞がきます。

# exchange A for B

**動** AとBを交換する

例 He **exchanged** his old car **for** a new one.

訳 彼は古い車を新車と交換した。

**ココが大切** アメリカへ行って、日本円を現地のお金に換えたいときにこの熟語が役に立 ちます。
例 Please exchange my Japanese yen for American dollars.
「日本円を米ドルに換えてください」

# go into 〜

### 動 〜に入る

例 I **went into** the bookstore.

訳 私は本屋に入りました。

> **覚え方** into は場所や方向に動作が向かうことを表す前置詞です。よって「〜の中に入る」というイメージになります。対義語は go out of 〜 ⟩⟩151 で「〜から外に出る」という意味になります。
>
> 例 He went out of the shop.
> 「彼は店**から出て行った**」

# get off 〜

### 動 〜から降りる

例 We'll **get off** the train at the next station.

訳 私たちは次の駅で電車を降ります。

> **セットで暗記** get off 〜は大勢を運ぶ電車・バス・飛行機から降りる場合に用いて、乗用車やタクシーから降りる場合には get out of 〜 ⟩⟩112 を用います。

# get angry

### 動 怒る

例 My parents **got angry**.

訳 私の両親は怒った。

> **セットで暗記** get angry だけでも使えますが、with をつけて get angry with 〜にすると「(人)に腹を立てる」という意味になります。「(物事)に腹を立てる」という意味にする場合は get angry about 〜にします。

# so ～ that …

**句** とても～なので…

例 This book is **so** difficult **that** I can't read it.

訳 この本はとても難しいので私には読むことができません。

**セットで暗記**
- so ～ that S can't V = too ～（for ＋人）to V ≫133
  - 例 This book is so difficult that I can't read it.
    = This book is too difficult for me to read.
- so ～ that S can V = ～ enough（for ＋人）to V
  - 例 This book is so easy that I can read it.
    = This book is easy enough for me to read.
    「その本は**とても**易しい**ので**私でも読むことができます」

# How about ～ ?

**疑** ～はどうですか。

例 **How about** going to the concert**?**

訳 コンサートに行くのはどうですか。

**セットで暗記** 《「～はどうですか？」勧誘表現シリーズ》
- How about ＋名詞／動詞のing形～ ?
  How about going to the concert?
- What do you say to ＋名詞／動詞のing形～ ?
  What do you say to going to the concert?
- Let's ＋動詞の原形.
  Let's go to the concert.
- Why don't you ＋動詞の原形? ≫140
  Why don't you go to the concert?
- Why not ＋動詞の原形?
  Why not go to the concert?

# in time

**副** 間に合って

例 Go by taxi, or you won't get there **in time**.

訳 タクシーで行きなさい、さもないとそこへは間に合わないだろう。

**覚え方** in が「〜の中」という意味なので「時間内に」というイメージで覚えられます。似たような熟語に on time「時間通りに」 ≫372 があるので区別しましょう。

# in those days

**副** 〜当時は [に] ; そのころ

例 There were no TV sets **in those days**.

訳 そのころはテレビはなかった。

**覚え方** at that time や then と同じ意味で過去形で使われます。対義語の these days ≫057 は「最近」の意味。
例 This song is popular these days.
「**最近**この歌が流行っている」

# It is ... to 〜.

**節** 〜するのは…だ。

例 **It is** easy for me **to** read this English book.

訳 この英語の本を読むのは私にとって易しいです。

**覚え方** To read this English book is easy for me. だと主語が長すぎるため、一度 It にすべてを置きかえて、文の構造を見やすくすると、It is easy for me.。そのあとに、置きかえた本来の長い主語 to read this English book をつけ加えます。これが It is ... to 〜 . の由来です。

# learn to *do*

**動** ～できるようになる

例 I **learned to** swim in the sea.

訳 私は海で泳げるようになりました。

**覚え方** learn は勉強したり、練習したりして「知識・技術を身に着ける；覚える」ことを意味します。study は、ある知識を得るために「勉強する；研究する」過程の意味です。したがって learn to *do* を「～することを学ぶ」→「～することを覚える」→「～できるようになる」と連想していきましょう。

# look around

**動** （～を）見回す

例 I **looked around** my room again and again.

訳 私は何度も自分の部屋を見回しました。

**覚え方** around の基本イメージは「周囲を回る」という意味です。周囲をぐるりと見回すことをイメージしてみましょう。「見回す」以外に「ふりかえって見る」という意味もあります。

# look out of ～

**動** ～から外を見る

例 I **looked out of** the window.

訳 私は窓から外を見ました。

**覚え方** out of ～ ▶151 は、「～の中から外へ」の意味です。中から外を見る様子をイメージしてください。of がないと「気をつけろ」の意味になります。
　　例 Look out! A car is coming. 「**気をつけて！** 車が来るよ」

**公立高校入試レベル**

# No thanks.

**節** いいえ、結構です。

例 This is sushi. Why don't you try it? —**No, thanks.**

訳 これはすしです。食べてみませんか。—いいえ、結構です。

**覚え方** 何かをすすめられたときや申し出があったときに断る言い方です。No thanks. は No, thank you. のくだけた表現。対義語は Yes, please.「ええ、いただきます」です。

# more than ～

**形** ～以上

例 This museum was built **more than** sixty years ago.

訳 この博物館は 60 年以上も前に建てられました。

**ココが大切** more than の後ろには数を表す名詞がきます。ただし、〈**more than ＋数**〉は「その数」を含まず、「その数より上」を表します。したがって、more than one は「1 以上」ではなく、「2 以上」となります。しかし、およその数を言うときには「その数以上」としてもかまいません。

# Nothing is more A than B.

**節** BほどAのものはない。

例 **Nothing is more** precious **than** time.

訳 時間ほど貴重なものはない。

**セットで暗記** 《比較級・原級で表す最上級表現》

Time is the most precious of all.

= Nothing is more precious than time.

= Nothing is as precious as time. ≫061

# pick out

**動 ～を選ぶ**

例 I've already **picked out** the CD I am going to buy next.

訳 ぼくは次に買うつもりの CD をもう選んである。

**覚え方** 〈pick（つまむ） + out（選び出す）〉なので、「選ぶ」という意味になります。また「～を区別する；～を見分ける」という意味もあります。さらに代名詞の場合は目的語を間に挿入するので注意しましょう。

例 I can't pick you out among many people.
「たくさんの人の中から**あなたを見つけ出せません**」

# where to *do*

**疑 どこで～したらよいか**

例 I want to know **where to** buy the tickets.

訳 私はその切符をどこで買えばいいのか知りたい。

**セットで暗記** 間接疑問文との書きかえとセットで覚えましょう。
= I want to know where I should buy the tickets.

# write to ～

**動 （人）に手紙を書く**

例 I'm going to **write to** my friends this evening.

訳 私は今夜友達に手紙を書く予定です。

**覚え方** 〈write to +人〉で「（人）に手紙を書く」という意味になります。もちろん〈write a letter to +人〉でも同じ意味になります。対義語は〈hear from +人〉「（人）から便りがある」 »268 です。

公立高校入試レベル

# say to *oneself*

**動** 心の中で思う

例 She **said to herself** that the dog was cute.

訳 その犬はかわいいと彼女は心の中で思いました。

**セットで暗記**
❯ say to *oneself*「心の中で思う」
❯ think to *oneself*「心ひそかに思う」
❯ talk to *oneself*「独り言を言う」 »134

# put on

**動** 〜を身に着ける

例 The boy **put on** his athletic shoes and ran outside.

訳 その少年は運動靴を履くと、外へ走って出て行った。

**セットで暗記** 人が自分の体に身に着けるもの（衣類・眼鏡・手袋・指輪など）に使用します。対義語は take off「〜を脱ぐ」 »033 です。また、重さを表す weight を後ろにつけて put on weight とすると、「太る」の意味になります。

# speak to 〜

**動** 〜に話しかける

例 I was **spoken to** by an American near the station.

訳 駅の近くでアメリカ人に話しかけられました。

**セットで暗記**
❯ speak to 〜「〜と話す；〜に話しかける」
❯ speak with 〜「〜と話す」（※ speak to 〜のほうが一般的）
❯ speak of 〜「〜のことを話す」

# that is (to say)

**副** つまり；すなわち

例 We use words to tell somebody something, **that is**, to communicate.

訳 私たちはだれかに何かを伝えるために、つまり、情報を伝達するために言葉を使う。

**ココが大切** あることについて、よりわかりやすい言葉に言いかえる場合に使います。

---

210

# throw away

**動** 〜を捨てる

例 Don't **throw away** this magazine.

訳 この雑誌は捨てないでくれ。

**覚え方** throw は「投げる」、away は「あちらへ」の意味。「あちらへ投げる」→「捨てる」とイメージしましょう。また、目的語が代名詞の場合は、〈throw ＋代名詞＋ away〉の語順になります。

---

211

# turn down

**動** 〜を拒絶する；〜を却下する

例 I politely **turned down** his offer and hung up.

訳 私は彼の提案を丁寧に断り、電話を切った。

**覚え方** 「(音量・火力など) を小さくする」という意味にもなります。
例 Turn down the TV a little. I'm trying to go to sleep.
「テレビの音を少し**小さくして**くれ。眠ろうとしてるんだから」
また、目的語が代名詞の場合は、〈turn ＋代名詞＋ down〉の語順になります。

# start for 〜

**動** 〜に向かって出発する

例 We will **start for** the mountain tomorrow.

訳 私たちは明日山に向かって出発するつもりです。

**セットで暗記** leave for 〜 ≫159 と書きかえることができます。
　= We will leave for the mountain tomorrow.
「AからBに向かって出発する」場合は start from A for B とします。
　例 We will start from here for the mountain tomorrow.
　　「私たちは明日ここから山に向かって**出発する**つもりです」

# up to 〜

**形** 《It is up to 〜で》〜次第である；〜の責任である

例 You may go if you wish —it's **up to** you.

訳 行きたければ行っていい—きみ次第だよ。

**覚え方** up には「すっかり；完全に」という意味があります。Time is up.「もう時間です」の up と同じです。つまり、up to you は「完全にあなたの状況に任せる」→「あなた次第である」という意味になります。

# used to *do*[be]

**助** 〜したものだった；昔は〜であった

例 There **used to** be a statue of a lion at the gate.

訳 昔は門の所にライオンの像があったものだ。

**ココが大切** used to がワンセットで助動詞の働きをするので、後ろに動詞の原形がきます。*be* used to *doing*「〜することに慣れている」≫364 の used は形容詞です。形が似ているので混同しないように。

# What kind of ～ ?

**疑** どんな種類の～か。

例 **What kind of** sports do you like**?**

訳 どんな種類のスポーツが好きですか。

**ココが大切** この場合のkindは「種類」を表し、kind of の後ろには数えられる名詞の複数形と数えられない名詞の両方がきます。ただし、kindの前にaやtheなどの冠詞はつけないので注意しましょう。

# What's the matter?

**節** どうしたの。;何があったの。

例 Oh, I'm in trouble. —**What's the matter?**

訳 ああ、困ったな。—どうしたの。

**覚え方** matter は「困難;故障」という意味の名詞。What's the matter? の後ろに〈with +名詞〉をつけると、人やものの調子をたずねる言い方になります。
　　例 What's the matter with this car?
　　「**この車は**どうしたのですか」

# What about ～ ?

**疑** ～はどうですか。;～はいかがですか。

例 **What about** this**?** —I like it.

訳 これどう？—いいね。

**覚え方** Shall we ～ ? や Let's ～ .は後ろに動詞の原形がくるのに対して、What about ～ ? は動詞のing形がくるので、書きかえるときは動詞の形に注目しましょう。同じ意味で How about *doing* ～ ? ≫193 がありますが、こちらのほうがくだけた表現で、使われる頻度も高いです。

公立高校入試レベル

# *be* made from ~

**動** ~からできている

例 Wine **is made from** grapes.

訳 ワインはブドウから作られる。

**覚え方** from の後ろには、見た目にはもとの原料や材料がわからないものがきます。

# *be* pleased with ~

**動** ~に満足している；~を気に入る

例 She **was** very **pleased with** the examination result.

訳 彼女は試験の結果に大喜びでした。

**ココが大切** please が副詞で使われると「どうぞ」、動詞で使われると「~を喜ばせる；~を楽しませる」になり、過去分詞にして *be* pleased となると「喜んでいる；満足する」の意味になるので、用法に注意しましょう。

# bring up

**動** ①~を育てる　②(問題・話題など) を持ち出す

例 ① She **brought up** the two children all by herself.

訳 彼女は1人で2人の子どもを育てた。

例 ② The matter will be **brought up** at the next meeting.

訳 その問題は次の会合のときに持ち出されるだろう。

**ココが大切** 「~を育てる」は bring up、「自分で成長する；大きくなる」は grow up ▶282 なので、使い分けに注意しましょう。

# *be* filled with 〜

**動** 〜でいっぱいである

例 Her eyes **were filled with** tears.

訳 彼女の目は涙でいっぱいだった。

**セットで暗記** Her eyes were filled with tears. は Her eyes were full of tears. 》222 と書きかえられます。前置詞の with と of を使い分けましょう。

# *be* full of 〜

**動** 〜でいっぱいである

例 Mr. Brown may not be young, but he **is full of** energy.

訳 ブラウン先生は若くはないかもしれないけれど、エネルギーにあふれています。

**セットで暗記** He is full of energy. の書きかえは He is filled with energy. 》221 です。He is full of himself. にすると、「彼は自分のことしか考えない」の意味になります。

# *be* in trouble

**動** 困っている

例 Oh, no, I**'m in trouble**.

訳 まずい、困ったなぁ。

**ココが大切** trouble の動詞は「〜を悩ます」、名詞は「心配事」。
《ことわざ》Never trouble trouble till trouble troubles you.
「心配事が君を心配させるまでは心配事を心配するな」→「取りこし苦労はするな」

# enjoy *oneself*

**動** 楽しく時を過ごす

例 We **enjoyed ourselves** in the museum.

訳 私たちは博物館で楽しく過ごした。

---

**セットで暗記** enjoy *oneself* は have a good time ≫002 で書きかえることができます。
= We had a good time in the museum.
会話表現では enjoy を飲食物を出したときに添えると「召し上がれ」の意味になります。
例 Here's your coke. Enjoy!
「はい、あなたのコーラ。**召し上がれ！**」

# either A or B

**接** AかBかどちらか

例 **Either** he **or** I am right.

訳 彼か私かどちらかが正しい。

---

**ココが大切** either A or B が主語になるとき、動詞はBの人称・数に一致させます。

# hand in

**動** （手渡しで）〜を提出する

例 Read your paper again before you **hand** it **in**.

訳 答案を提出する前にもう一度読みなさい。

---

**セットで暗記** hand in は「権限のある人に何かを提出する」という意味です。hand out は「プリントなどを配布する」という意味になります。

# get better

**動** （前よりももっと）よくなる

例 How is the pain in your head? —It's **getting better**.

訳 頭の痛みはどうですか。—よくなってきました。

**覚え方** better は good「よい」/ well「体調がよい」の比較級で、get と結びついて get betterになると「前よりも（体調などが）よくなる」という意味になります。たいてい進行形で使われます。

# get married

**動** 結婚する

例 George and Mary **got married** last week.

訳 ジョージとメアリーは先週結婚しました。

**ココが大切** get marriedが「結婚する」という動作を、be marriedが「結婚している」という状態を表します。また、結婚する相手を明示するときには、〈marry + 人〉または〈get married to +人〉になります。
= George married Mary last week.
= George got married to Mary last week.

# go on *doing*

**動** ～し続ける

例 This book was so interesting that I could **go on** read**ing** for hours.

訳 この本はとても面白いので、何時間でも読み続けることができた。

**セットで暗記** What's going on?「いったい何が起こったのですか」という会話表現は重要です。

# in front of ～

**副** ～の前に〔で〕

例 There is a big tree **in front of** my house.

訳 私の家の前に大きな木がある。

**ココが大切** 最大の注意点は front の発音。「フロント」ではなく「フラント」と発音します。対義語は at the back of ～「～の後ろに」です。

# hang up

**動** 電話を切る

例 I've got to **hang up** now.

訳 じゃあ、もう切るね。〔電話を切るときの決まり文句〕

**覚え方** hang up はもともと「掛ける；つるす」の意味ですが、なぜ「電話を切る」という意味になるのでしょうか。今は少なくなりましたが、公衆電話というものがあります。公衆電話を切るときには、受話器を横のフックにひっかけます。これが由来です。発明当時の電話をイメージすることが大切です。

# both A and B

**接** AとBの両方とも

例 My sister can speak **both** English **and** French.

訳 私の姉は英語とフランス語の両方とも話すことができます。

**セットで暗記**
- both A and B「AもBも両方とも」
- either A or B「AかBのどちらか一方」 ▶▶225
- neither A nor B「AでもBでもどちらでもない」

# It takes（人）（時間）to *do* 〜.

**節** （人が）〜するのに（時間）がかかる。

例 **It takes thirty minutes to** walk from here to the nearest station.

訳 ここから最寄りの駅まで徒歩で30分かかります。

公立高校入試レベル

**覚え方** 時間がかかることを表す動詞はtake。その後ろに〈人＋時間＋すること（to 不定詞）〉の順に並べていきます。
= It is thirty minutes' walk from here to the nearest station.

# I hear（that）〜.

**節** 〜だそうだ。；〜と聞いている。

例 **I hear that** Mr. Murakami wrote this book.

訳 村上さんがこの本を書いたのだそうだ。

**セットで暗記** 《伝聞「〜だそうだ」シリーズ》

| ● I hear | |
|---|---|
| ● They say | (that) Mr. Murakami wrote this book. |
| ● It is said | |

# right now

**副** 今すぐに

例 I'm coming down **right now**.

訳 今すぐ下りていきます。

**覚え方** rightは「まっすぐ；ちょうど」という意味です。したがってright nowは「まさにちょうど今」と考えましょう。同義語には、at once ▶014 や right away があります。

📁 236

# look for 〜

**動** 〜を探す

例 I'm **looking for** a bank. Is there one near here?

訳 銀行を探しているんですが、近くにありますか。

**覚え方** look は「見る」、そして for には「〜を求めて」というニュアンスがあります。そこから「〜を求めて見る」→「探す」という意味になります。

📁 237

# laugh at 〜

**動** 〜を笑う

例 If you do such a foolish thing, people will **laugh at** you.

訳 そんなにばかなことをすれば、人に笑われますよ。

**セットで暗記** laugh at 〜には「ばかにして笑う」という意味が含まれます。笑うにもたくさんの種類があります。
- ▶ smile「ほほえむ」
- ▶ giggle「くすくす笑う」
- ▶ grin「(歯を見せて)にっこりと笑う」
- ▶ chuckle「くっくっと笑う」

📁 238

# look after 〜

**動** 〜の世話をする

例 I will **look after** your cat while you are away.

訳 お留守番中あなたのネコの世話をしてあげましょう。

**覚え方** 「あとから来る人を注意して見る」→「ちゃんと面倒を見る」→「世話をする」と連想しましょう。

**セットで暗記**
= I will take care of your cat while you are away. 》286

# many kinds of 〜

### 形 いろいろな種類の〜

例 The bookstore sells **many kinds of** comic books.

訳 その書店はいろいろな種類の漫画本を売っています。

**セットで暗記**
- ❶ many kinds of 〜「いろいろな種類の〜」
- ❶ a kind of 〜「一種の〜；〜みたいなもの」 》101
- ❶ all kinds of 〜「あらゆる種類の〜」

# more and more 〜

### 副 ますます〜

例 The story became **more and more** interesting.

訳 その話はますます面白くなった。

**覚え方** 〈比較級 + and + 比較級〉で、「ますます；だんだん」という意味になります。
例 It is getting darker and darker.
「**ますます暗く**なってきています」

# over and over (again)

### 副 何度もくり返して

例 Some books are worth reading **over and over again**.

訳 何度もくり返して読む価値のある本もある。

**覚え方** over には again と同じように「くり返して」という意味があります。たとえば、do it over は「もう一度する」、start over なら「もう一度最初から始める」などです。again and again も同じ意味になります。

# remember to *do*

**動** 忘れずに〜する

例 **Remember to** mail this letter on your way to school.

訳 登校の途中、忘れずにこの手紙を出してね。

**覚え方** remember to *do* は、don't forget to *do* に書きかえることができます。to不定詞には未来志向があるので、これからのことを表します。

= Don't forget to mail this letter on your way to school.

# remember *doing*

**動** 〜したのを覚えている

例 I **remember** read**ing** the book.

訳 私はその本を読んだのを覚えている。

**覚え方** to不定詞が未来志向なのに対して動名詞は過去志向なので、過去に「〜したこと」を覚えているという意味になります。

# look up

**動** 見上げる

例 When he **looked up**, many birds were flying.

訳 彼が見上げたとき、たくさんの鳥が飛んでいました。

**セットで暗記** 「見上げる」という意味のときは目的語をとりませんが、「調べる」という意味のときは目的語が必要です。

例 He looked up the word in his dictionary.
「彼はその言葉を辞書で調べた」

# stop *doing*

**動** ～するのをやめる

例 My father **stopped** smok**ing**.

訳 私の父はタバコを吸うのをやめた。

**覚え方** stop *doing* だと、「～することをやめる」の意味になりますが、stop to *do* ▷284 だと、「～するために立ち止まる」の意味になるので、タバコをやめるのではなく吸うことになります。

例 My father stopped to smoke.
「私の父はタバコを吸う**ために立ち止まった**」

# see *one* off

**動**（人）を見送る

例 My brother and I went to **see** John **off** at the airport.

訳 弟と私はジョンを見送りに空港まで行った。

**セットで暗記**〈see ＋人＋ off〉で「人を見送る」ですが、反対に、〈meet ＋人〉で「人を出迎える」という意味になります。

# Shall I ～ ?

**助** ～しましょうか。

例 **Shall I** open the window**?**

訳 窓を開けましょうか。

**覚え方** will は主語の意志を表しますが、shall は相手の意志を表します。よってこの場合、相手の意志や指示を問うときに用います。

**セットで暗記**
= Do you want me to open the window?
「あなたは私に窓を開けてもらいたいですか」

公立高校入試レベル

# tie up (with 〜)

**動** (〜と) 提携する

例 The firm is going to **tie up with** an American company.

訳 その商社はあるアメリカの会社と提携するつもりだ。

---

**覚え方** 「縛り上げる」→「〜をしっかり縛る；(〜と) 提携する」というイメージをしましょう。また、目的語が代名詞の場合は、〈tie +**代名詞**+ up〉の語順になります。

例 I put a piece of paper around the box and tied it up with a ribbon.
「私は箱を紙で包み、それをリボンで**結んだ**」

# with a smile

**副** ほほえみながら

例 She spoke to me **with a smile**.

訳 彼女はほほえみながら私に話しかけました。

---

**覚え方** この場合のsmileは名詞なので、前に冠詞のaがつきます。with a laughは「笑いながら」の意味になり、両方ともひとまとまりで動詞を修飾し、副詞の働きをします。

# talk with 〜

**動** 〜と話す

例 I enjoyed **talking with** them.

訳 私は彼らと話すのを楽しみました。

---

**ココが大切** talkは人を目的語にとれないので、人と話す場合は前置詞が必要になります。

# up to date

**形** 最新 (式) の

例 This dictionary is not **up to date**, so I'm going to buy a new one.

訳 この辞書は最新のではないので、新しいのを買うつもりだ。

**覚え方** up to 〜は「(最高)〜まで」の意味なので、date「日付」がいちばん新しい、つまり「最新の」ということになります。対義語は out of date「時代遅れの」 »435 です。
　　例 This dress is out of date.
　　「このドレスは**時代遅れ**だ」

# upside down

**副** 逆さまに；ひっくり返って

例 She hung the picture **upside down**.

訳 彼女はその絵を上下逆さまにかけた。

**覚え方** upside「上側」がdown「下」になっている。つまり、ひっくり返っている状態を表します。上下が逆さまになっている状況は混乱した状態なので、「混乱した；めちゃくちゃに」という意味にもなります。

# wait for 〜

**動** 〜を待つ

例 I was standing outside the gate to **wait for** her arrival.

訳 私は彼女の到着を待つために門の外で立っていた。

**ココが大切** wait forの後ろには、人やものだけでなく、チャンスなどの「待つ対象」の名詞や代名詞もきます。

公立高校入試レベル

# work for ～

**動** ～に勤めている

例 My brother **works for** a big company.

訳 私の兄は大会社に勤めています。

**覚え方** for は「～のために」の意味で、後ろに会社名や上司や経営者の名前がきます。
work at[in] の場合も同じ意味になります。
　例 My brother works at a bank.
　　「私の兄は銀行で**働いています**」
　例 My brother works in New York.
　　「私の兄はニューヨークで**働いています**」

# watch out

**動** 気をつける

例 **Watch out**!  A car is coming.

訳 気をつけて！ 車が来るぞ。

**覚え方** 「外を見ろ！」は、「周りを見ろ！」という意味で、そこから「あぶない！；気を
つけろ！」という意味をイメージしましょう。

# What's wrong?

**節** どうしたのですか。

例 **What's wrong**, Mary**?**  You are quiet today.

訳 メアリー、どうしたの？　今日は静かですね。

**覚え方** wrong は「間違っている」という意味の形容詞ですが、「あるべき姿になってい
ない」という意味を表します。したがって人に対しては、相手の具合が悪く見えると
きに用います。What's the matter? 》216 や What's the problem? と書きかえることが
できます。

# at all

**副** ①《否定文で》まったく；少しも
②《疑問文で》いったい；少しでも
③《条件文で》せっかく；とにかく

例 ① Getting excited is not **at all** the same as getting angry.

訳 興奮することと怒ることは少しも同じではない。

例 ② I've never seen you cook. Can you cook anything **at all**?

訳 あなたが料理をするのを見たことがないけど。少しでもできるのですか。

例 ③ If you do it **at all**, try to do it well.

訳 せっかくやるからには上手にやるようにしなさい。

**覚え方** atは「点」を表す前置詞。これにallをつけることで、「すべての点で」と考えます。「修飾するすべての点で強調する」と考えると覚えやすいです。

# as long as 〜

**接** 〜する間［限り］は

例 Every language continues to change **as long as** it is spoken.

訳 すべての言語は話されている限りは変化し続ける。

**覚え方** このlongは「期間」を表します。よって、「〜されている期間は」の意味に考えると、as far as ▶102 とは違うことがわかります。

# *be* familiar with ～

**動** （物事）をよく知っている

例　I **am familiar with** this part of town.

訳　私は町のこのあたりをよく知っている。

**覚え方** familiar の語源は「家族の；家庭の」なので、この意味からイメージして、人なら「家族のように親しい」、物事なら「慣れ親しんでいる」「よく知っている」「精通している」という意味になります。

---

# *be* surprised at ～

**動** ～に驚く

例　He **was surprised at** the news.

訳　彼はその知らせに驚いた。

**覚え方** 指をさして、「"アッ"と（at）驚く」と覚えましょう。
= The news surprised him.
= He was surprised to hear the news.

---

# between A and B

**副** AとBの間に

例　The month **between** July **and** September is August.

訳　7月と9月の間の月は8月です。

**覚え方** イメージは「2つのものの間にある（○●○）」ということ。
**セットで暗記**
▶ between you and me 「ここだけの話だが；内緒だが」

# come up

**動** 近づく

例 A man **came up** and talked to me.

訳 男の人が近づいてきて、私に話しかけました。

**覚え方** upは「上へ」という意味だけではありません。日本語でも写真を撮るときに、「もっとアップで」と言いますよね。そこから「近づく」の意味を連想しましょう。

# come out

**動** 出る；現れる

例 Many stars **came out** last night.

訳 昨夜はたくさんの星が出ていました。

**覚え方** come in ▶▶066 の対義語がcome outで、好ましい状態が出てくる意味でも使われます。

例 A lot of flowers began to come out.
「多くの花が咲き始めた」

例 The sun came out after the rain.
「雨上がりに太陽が現れた」

# come down

**動** 下りてくる

例 Mike, **come down** to dinner.

訳 マイク、夕食に下りてきなさい。

**ココが大切** 上から「下りてくる」だけでなく、気温や価格が「下がる」という意味や、向こうからこちらに向かって「やってくる」という意味もあります。

# fall down

**動** (〜から) 落ちる；倒れる

例 I **fell down** the stairs and broke my leg.

訳 私は階段から落ちて足を骨折しました。

**ココが大切** fall down は目的語をとらずに用いることもできます。
例 I fixed the bookshelf so that it wouldn't fall down.
「私はその本棚が**倒れ**ないように固定した」

# for a while

**副** しばらくの間

例 I will stay here **for a while**.

訳 私はしばらくここに滞在します。

**ココが大切** = for some time
while の前に short、long、little などを置くこともあります。
例 I haven't been there for a long while.
「私はそこへは**長い間**行っていません」

# *be* kind to 〜

**動** 〜に親切である

例 Mary **is kind to** old people.

訳 メアリーはお年寄りに親切です。

**ココが大切** 品詞で変わる kind の意味に注意。形容詞の場合は「親切な；やさしい」、名詞の場合は「種類」を意味します。また、形容詞の kind に ness をつけて名詞 kindness にした場合は「親切」になります。

# hear from ～

### 動 ～から便り［電話・伝言］がある

例 I'm looking forward to **hearing from** you soon.

訳 近いうちにご連絡くださるのを楽しみにしています。

**セットで暗記** 近況などを伝える手紙・電話・Eメールをもらうことを意味します。「手紙をもらう」という意味での対義語は「～に手紙を書く；～に手紙を出す；～に便りをする」 ▶▶205 になります。
〈hear from ＋人〉 ⇔

# hear of ～

### 動 ～のこと［うわさ・消息］を聞く

例 I've never **heard of** such a story before.

訳 これまでそんな話は聞いたこともない。

**ココが大切** hear of ～は「～の存在することを知っている」という意味で、ふつう疑問文や否定文で用います。また、hear about ～になると「～について（詳しく）聞く」という意味になるので注意しましょう。
　　例 Did you hear about Lucy?「ルーシーのこと聞いたかい？」

# have something to do with ～

### 動 ～と関係がある

例 He **has something to do with** that accident.

訳 彼は例の事故と何か関係がある。

**セットで暗記**
❶ have nothing to do with ～「～と何の関係もない」
　　例 He has nothing to do with that problem.
　　　「彼はその問題と何も関係がない」

# have fun

**動** 楽しむ

例 Just **have fun** and do your best.

訳 とにかく楽しんで、最善をつくそう。

**覚え方** fun は名詞で「面白いこと；楽しい思い」の意味です。
have には「経験を持つ」という意味もあるので、「楽しい経験を持つ」→「楽しむ」と
連想していきましょう。

# How far 〜 ?

**疑** (距離が) どれくらい遠くに〜か。

例 **How far** is it from here to the nearest station**?**

訳 ここから最寄りの駅までどれくらいですか。

**セットで暗記**《Howの定番フレーズ》
❯ How are you (doing)? 「こんにちは」
❯ How do you do? 「はじめまして」
❯ How is it going? 「調子はどう？」

# in the end

**副** ついには；結局は

例 We know even the sun will run out of energy **in the end**.

訳 太陽でさえ最後はエネルギーがなくなることを私たちは知っている。

**セットで暗記** finally / at length / at last ≫004 / after all ≫040 もほぼ同じ意味になり
ます。

# keep a diary

**動** 日記をつける

例 My sister **keeps a diary**.

訳 私の姉［妹］は日記をつけている。

**セットで暗記** keep を使ったその他の熟語も覚えましょう。
- ❯ keep the rules「ルールを守る」
- ❯ keep a[one's] promise「約束を守る」 ❯275
- ❯ keep a secret「秘密を守る」
- ❯ keep quiet「静かにしている」

# keep a[*one's*] promise

**動** 約束を守る

例 I'll **keep my promise**.

訳 私は約束を守ります。

**セットで暗記** keep one's word は自分の言った言葉を守るということから、keep one's promise と同じ意味になります。keep が give になって、give one's word になると「約束をする」になり、break one's word は「約束を破る」になります。

# look over

**動** ～を調べる；～に目を通す

例 Father is busy **looking over** my homework.

訳 父はぼくの宿題に目を通すのに忙しい。

**覚え方** over の基本イメージは「一面をくまなく覆っている」です。「一面をくまなく見る」ということから、「調べる（= examine）」という意味になります。

# mistake A for B

**動** AをBと間違える

例 I **mistook** you **for** your brother.

訳 私はあなたをあなたのお兄さんと間違えた。

**覚え方** 交換や代金の際に使う for は、for の前後が同等になることに注目しましょう。たとえば、buy the book for 1000 yen「その本を1000円で買う」や I'll give you this bat for your ball.「君のボールをくれたらこのバットをあげよう」など。したがって、「あなた」と「あなたのお兄さん」を間違える場合にもこの for を使います。

# Thank you for ～ .

**動** ～をありがとう。

例 **Thank you for** inviting me to your birthday party**.**

訳 誕生パーティーにお招きいただきありがとうございます。

**セットで暗記** It is kind of you to V ～ . と書きかえられます。
= It is kind of you to invite me to your birthday party. ▶118
感謝の内容を動名詞で表す場合は Thank you for ～、to不定詞で表す場合は It is kind of you to ～と覚えましょう。

# make friends with ～

**動** ～と親しくなる

例 I hear it takes time to **make friends with** English people.

訳 英国人と親しくなるには時間がかかるそうだ。

**覚え方** make friends with ～の直訳の「～と友達になる」は、「～と親しくなる」に容易に結びつくので覚えやすいですね。

# one of ～

**形** ～のうちの1つ

例 Tokyo is **one of** the biggest cities in the world.

訳 東京は世界最大の都市の1つです。

**覚え方** 〈one of the ＋最上級＋名詞〉で、「最も～な（名詞）の1つ」という意味になります。注意しなければならないのは、「最上級レベルの（名詞）の中の1つ」という意味でone ofのあとの名詞は必ず**複数形**になることです。

# on *one's* way to ～

**副** ～への途中で

例 I bought the book **on my way to** the station.

訳 私は駅への途中で本を買いました。

**ココが大切** 「～へ行く途中」なら on *one's* way to ～、「～から戻る途中」なら on *one's* way from ～、「家に帰る途中」なら on *one's* way home と変化することに注意しましょう。

# grow up

**動** 成長する；大人になる

例 She **grew up** to be a beautiful woman like her mother.

訳 彼女は成長して母親と同じような美しい女性になった。

**ココが大切** grow up と混同しやすいのが bring up 》220 です。「～を育てる」のが bring up、「自分で成長する；大きくなる」のが grow up なので、使い分けに注意しましょう。

# stand for ～

### 動 ～を表す ; ～の略字である

例 What do the letters WHO **stand for**?

訳 WHO という文字は何の略字ですか。

**覚え方** 「～のために立つ」から、「～を表す」をイメージします。
動詞represent「～を代表する」に書きかえることができます。
= What do the letters WHO represent?

# stop to *do*

### 動 ～するために (立ち) 止まる

例 My father **stopped to** smoke.

訳 私の父はタバコを吸うために立ち止まった。

**覚え方** stop *doing* 》245 のstopは他動詞「～することをやめる」であるのに対して、stop to *do*のstopは自動詞「立ち止まる」なので、to *do*はto不定詞の副詞的用法で「～するために」という意味になります。

# set up

### 動 ～を立 [建] てる ; ～を創設する ; ～を始める

例 He passed the law examination and **set up** a law office.

訳 彼は司法試験に合格し、法律事務所を創設した。

**覚え方** コンピューターを使い始めるときに「セットアップ」をしますね。コンピューターが使えるように設定することと同じように、set upは何かを創設したり、立 [建] てたりする意味で用います。

# take care of ～

**動** ～の世話をする；～に気をつける

例 Who'll **take care of** the dog while we are gone?

訳 私たちが留守の間、だれが犬の世話をするの？

**セットで暗記** ▶ take care of ～ = look after ～ ▶238
　= Who'll look after the dog while we are gone?
　of 以下がない Take care. になると、別れのあいさつで用いる「お気をつけて」という
　意味になります。

# think of ～

**動** ～を思いつく；～のことを考える

例 I'm **thinking of** going to Dubai next year.

訳 私は来年ドバイに行こうと考えています。

**ココが大切** think of *doing* で、「～しようと考えている」の意味になります。また、「～
を思い出す」という意味もあります。

　　例 I'm trying hard but I can't think of her name.
　　　「一生懸命がんばっても彼女の名前が思い出せない」

# think about ～

**動** ～のことを考える

例 I'm **thinking about** going to Dubai next year.

訳 私は来年ドバイに行こうと考えています。

**ココが大切** think about *doing* で、「～することについて考える」の意味になります。think
of *doing* ▶287 が「～することにしよう」と考えているのに対し、think about *doing*
は「～しようかどうか検討する」という意味になり、of より積極的に考える意味にな
ります。

# make a mistake

**動** 間違いをする

例 Don't be afraid of **making mistakes** when you speak English.

訳 英語を話すときには間違いをするのを恐れてはいけません。

**セットで暗記** 〈make ＋抽象名詞（動作・行為）〉は、「〜する」という意味になります。
- ❯ make ＋ a mistake（間違い）→「間違いをする」
- ❯ make ＋ an effort（努力）→「努力する」 ≫449
- ❯ make ＋ a promise（約束）→「約束する」
- ❯ make ＋ use（利用）→「利用する」 ≫351

# than usual

**副** いつもより

例 I got up an hour earlier **than usual**.

訳 いつもより 1 時間早く起きました。

**セットで暗記**
- ❯ as usual「いつものように」 ≫142

# thousands of 〜

**形** 何千もの〜

例 **Thousands of** people went to see that picture.

訳 何千もの人々がその絵を見に行きました。

**覚え方** 「2000」は two thousand、「3000人の少年」は three thousand boys というように thousand に s はつけません。ただし thousand の後ろが〈of ＋名詞〉の場合、thousands になるので要注意！

# what to *do*

**疑** 何を〜したらよいか

**例** Do you know **what to** do next?

**訳** あなたは次に何をしたらよいか知っていますか。

**セットで暗記** 間接疑問文との書きかえとセットで覚えましょう。
= Do you know **what you should do next**?

# when to *do*

**疑** いつ〜したらよいか

**例** Would you like to know **when to** leave?

**訳** いつ出発すればいいのか知りたいですか。

**セットで暗記** 間接疑問文との書きかえとセットで覚えましょう。
= Would you like to know **when we[you] should leave**?

# some of 〜

**形** 〜のうちいくらか

**例** **Some of** us were interested in the story.

**訳** 私たちの何人かがその話に興味を持ちました。

**ココが大切** some of の後ろに数えられる名詞が続くと、複数扱いで「〜のいくつか」、後ろに数えられない名詞が続くと、単数扱いで「〜のいくらか」になるので注意しましょう。
**例** She lent me some of her books.
「彼女は**何冊かの**本を私に貸してくれました」
**例** She has done some of her homework.
「彼女は宿題の**いくらか**を終えました」

# help A *do*

## 動 Aが〜するのを手伝う

例 Maki **helped** me carry the chairs out.

訳 マキは私がいすを運び出すのを手伝ってくれました。

**ココが大切** 〈help ＋人＋動詞の原形〉の語順で「(人) が〜するのを手伝う」という意味です。〈help A with B〉「A(人)がB(仕事)するのを手伝う」 ≫153 と区別して覚えましょう。

# let A *do*

## 動 Aに〜させる

例 Please **let** me introduce myself.

訳 私に自己紹介させてください。

**セットで暗記** 〈let me *do*〉の形でよく使う表現を覚えましょう。

例 Let me know when she comes back. 「彼女が戻ってきたら**私に教えて**ください」
例 Let me see the new camera. 「その新しいカメラを**私に見せて**ください」
例 Let me explain my plan. 「私の計画を**説明させて**ください」

**ココが大切** 〈let A *do*〉には「〔やりたがっていることを望み通りに〕A (人) が〜するのを許す」という使い方もあります。

例 My father let me drive his car.
「父は**私が父の車を運転するのを許して**くれました」

※ let は不規則動詞で、過去形・過去分詞は同じ形になり、不規則変化は let-let-let-letting です。

# introduce 〜 to …

**動** 〜を…に紹介する

例 I'd like to **introduce** you **to** my parents.

訳 私はあなたを私の両親に紹介したいのですが。

**覚え方** introduceの語源は「内側に導く」です。知らない人を「内側に導く」ことは「紹介する」ことになりますね。

**セットで暗記** 「新しいものを見せる、持ってくる」という意味から、「導入する、持ち込む」という意味も出てきます。introduce 〜 into ...で「〜を…に導入する」となります。受動態では、〜 be introduced into ...「〜が…に導入される」になります。

例 New computers will be introduced into our school next year.
「来年、新しいコンピューターが私たちの学校に導入されます」

# keep in touch

**動** 連絡をとりあう

例 Let's **keep in touch**.

訳 連絡をとりあいましょう。

**覚え方** keep は「保つ、維持する」。touch は「接触」、in touch で「接触して＝連絡して」。そこから、keep in touch で「連絡をとりあう」という意味になります。メールや手紙の最後に書くと「いつでも連絡ください」という意味ですし、別れ際のあいさつなら「じゃあまたね」という意味になります。

**セットで暗記** keep in touch with 〜は「〜と連絡をとりあう」です。

例 Let's keep in touch with each other on e-mail.
「メールでお互いに連絡をとりあいましょう」

# May I 〜 ?

**助** 〜してもいいですか。

例 **May I** use this computer**?**

訳 このコンピューターを使ってもいいですか。

**セットで暗記** May I 〜 ?は相手に許可を求めるときの表現です。親しい間柄なら、Can I 〜 ?を使うこともできます。Shall I 〜 ? 》247 との使い分けができるようになりましょう。
答え方はSure.「いいですよ」、Yes, of course.「はい、もちろんです」、I'm sorry, you can't.「すみませんが、いけません」などがあります。Yes, you may.「はい、よろしい」、No, you may not.「いいえ、いけません」は目下の人に対して使う答え方です。

# take part in 〜

**動** 〜に参加する

例 Would you **take part in** the event?

訳 そのイベントに参加してくださいませんか。

**覚え方** 「〜の中で(in)一部・役割を(part)取る(take)」→「活動などの一部を受け持つ」→「参加する」という意味です。積極的に参加して役割を果たしているイメージです。役割を果たすのではなく単にその場にいる場合には、attend「〜に出席する」を使います。あらかじめ決まっている予定に対して出席するというイメージです。

例 I attended the meeting yesterday.「私は昨日その会議に**出席した**」

# *be* close to 〜

**動** 〜のごく近くにある

例 The hotel **is close to** the lake.

訳 そのホテルは湖のごく近くにあります。

**ココが大切** 動詞の close [klóuz]〔クロウズ〕「閉じる」とつづりは同じですが、この close [klóus]〔クロウス〕は「ごく近い、接近した」という意味の形容詞です。発音が異なるので気をつけましょう。

# share 〜 with …

**動** 〜を…と分け合う；〜を…と共有する

例 Kumi **shares** a room **with** her sister.

訳 クミは部屋を妹と共有しています。

**ココが大切** 「シェアする」や「カーシェアリング」などの表現は日本語でもよく使われるようになりました。share は「何かをだれかと公平に分け合う、共有する、一緒に使う」ことを意味します。それぞれの文で訳し方を確認しましょう。

例 Why don't you share the umbrella with me?「傘に**お入り**ください」(「傘を私と分け合う」→「傘に入る」)

例 I shared an orange with my friend.「私は1個のオレンジを友達と**一緒に食べました**」(「オレンジを友達と分け合った」→「公平に分け合って食べた」)

例 Will you share your thought with us?「あなたの考えを私たちに**話して**くれませんか」(「あなたの考えを私たちと共有する」→「あなたの考えを私たちに話す」)

# ask ～ for …

**動** ～に…を頼む；～に…を求める

例 Ken **asked** me **for** help.

訳 ケンは私に助けを求めた。

**セットで暗記** 〈ask *one* to *do*〉「(人)に～してくれるように頼む」と書きかえができます。
= Ken asked me to help him. 「ケンは**私に助けてくれるように頼みました**」 ≫305

# try to *do*

**動** ～しようとする［試みる］

例 Tom **tried to** open the box, but he couldn't.

訳 トムはその箱を開けようとしましたが、できませんでした。

**ココが大切** try to *do*「～しようとする」と try *doing*「試しに～してみる」との違いを確認しましょう。

例 Tom tried opening the box, and then he found there was nothing in it.
「トムは**試しに**その箱を**開けてみました**。そうしたら、その中には何も入っていないことがわかりました」

**セットで暗記** try to *do* と try *doing* の違いのように、後ろに不定詞（to *do*）と動名詞（*doing*）のどちらを取るかで意味が異なる動詞をセットで覚えましょう。

❯ remember to *do*「忘れずに～する」 ≫242 ／ remember *doing*「～したのを覚えている」 ≫243

❯ forget to *do*「～するのを忘れる」／ forget *doing*「～したのを忘れる」

# ask *one* to *do*

**動** （人）に〜してくれるように頼む

例 I **asked** Ms. Green **to** speak more slowly.

訳 私はグリーン先生にもっとゆっくり話してくれるように頼みました。

**セットで暗記** 〈ask *one* to *do*〉と同じ形を取る次の2つも、まとめて覚えましょう。〈tell *one* to *do*〉「（人）に〜するように言う」、〈want *one* to *do*〉「（人）に〜してもらいたい」をそれぞれ書きかえとセットで覚えましょう。

❷ 〈ask *one* to *do*〉 = 〈say to *one*, "Please 〜 ."〉「（人）に『〜してください』と言う」

　　例 I asked him to open the window.「私は彼に窓を開けるように頼みました」

　　= I said to him, "Please open the window."「私は彼に『窓を開けてください』と言いました」

❷ 〈tell *one* to *do*〉 = 〈say to *one*, "命令文"〉「（人）に『〜しなさい』と言う」

　　例 Our teacher told us to do our best.「先生は私たちにベストを尽くすように言いました」

　　= Our teacher said to us, "Do your best."「先生は私たちに『ベストを尽くしなさい』と言いました」

※せりふの" "の中では、代名詞のour がyour に変わっていることに注意しましょう。

❷ Do you want me to *do* 〜?「あなたは私に〜してもらいたいですか」= Shall I 〜 ?「私が〜しましょうか」 ▶247

　　例 Do you want me to bring anything?「あなたは私に何か持ってきてもらいたいですか」

　　= Shall I bring anything?「私が何か持ってきましょうか」

# 国私立高校入試レベル
## 306〜450

国私立高校入試の文法問題で熟語が出題されないことはありません。また、本文が空欄だらけの長文読解もよく出題され、その空欄の中に入る語の多くが熟語に関係します。過去に出題された頻度の高い熟語を覚えておくと、入試ばかりではなく検定試験にも役立ちます。

# all the way

### 副 はるばる；ずっと

例 He came to see me **all the way** from his hometown.

訳 彼は私に会いにはるばる彼の故郷から来てくれた。

**セットで暗記** ● part of the way「途中まで；一部分だけ」
all the way は「その道のりのすべて」、part of the way は「その道のりの一部」と覚えましょう。

# *be* independent of 〜

### 動 〜から独立［自立］している

例 She **is independent of** her parents.

訳 彼女は両親から自立している。

**覚え方** 国なら「〜から独立している」、人なら「〜から自立している」の意味。dependent「頼っている」に反意語を作る in- という接頭辞をつけると independent「独立［自立］の」になります。

# can't help but *do*

### 動 〜せずにはいられない

例 Because I'm a great Carp fan, I **cannot help but** watch them on TV.

訳 私は大のカープファンなので、テレビで彼らを見ずにはいられない。

**セットで暗記** 《「私は笑わずにはいられない」シリーズ》
 ● I can't help laughing.
 ● I can't help but laugh.
 ● I can't but laugh.
 ※動詞が ing 形か原形かに注意しましょう。

# after a while

**副** しばらくして

例 **After a while**, Nancy got used to our school.

訳 しばらくしてナンシーは私たちの学校に慣れました。

**覚え方** 友達と別れるときの「じゃあね」のあいさつで、次のように韻を踏んで言葉遊びをすることもあります。
A：See you later, alligator. ―B：After a while, crocodile.

# *be* about to *do*

**動** 今にも～しようとしている

例 I **was about to** go out when he came to see me.

訳 出かけようとしているところへ彼が訪ねてきた。

**覚え方** aboutのイメージは「～のすぐそば」。そこにto不定詞がくっついて、「ある動作をするすぐそばにいる」とイメージすると覚えやすいですね。

# before long

**副** まもなく

例 I'm looking forward to seeing you again **before long**.

訳 まもなくまたお目にかかれるのを楽しみにしています。

**覚え方** 「長い時間がかかる前」とイメージしてみましょう。

**セットで暗記** 《「まもなく」シリーズ》
- in a short time
- in a little while
- in a few minutes

国私立高校入試レベル

# *be* worthy of 〜

### 動 〜に値する；〜にふさわしい

例 This novel **is worthy of** being read.

訳 この小説は読むに値する。

**セットで暗記**
= This novel is worthy to be read.
= This novel is worth reading.

# by chance

### 副 偶然に

例 It was quite **by chance** that I met her on the street yesterday.

訳 昨日通りで彼女に出会ったのは、まったくの偶然だった。

**セットで暗記**
| 《偶然に》 | ⇔ | 《故意に》 |
|---|---|---|
| ❯ by chance | | ❯ on purpose（＝ purposely）»379 |
| ❯ by accident | | ❯ intentionally |

# *be* dependent on 〜

### 動 〜に頼っている；〜に依存している

例 She **is** not **dependent on** her parents.

訳 彼女は両親に依存していない。

**覚え方** dependent の語源は、de が down、pend が to hang（ent は形容詞を作ります）。つまり「ぶら下がる」の意味です。pend は pendant「ペンダント」を考えるとイメージしやすいですね。何かにぶら下がっていることから、「頼る」の意味を思い浮かべてください。

# would rather A than B

**助** BよりむしろAしたい；
　 BするくらいならAしたほうがましだ

**例** I **would rather** go on foot **than** stay here waiting for the bus.

**訳** 私はバスを待ってここにいるよりむしろ歩きたい。

**覚え方** would rather 〜は「むしろ〜したい」の意味になります。上の例文は、I would rather go on foot.「私はむしろ歩いていきたい」という文と I would rather not stay here waiting for the bus.「どちらかといえばバスを待ってここにいたくない」という文の2つを、rather A than B でつないだと考えましょう。

# change *one's* mind

**動** 気［考え］が変わる

**例** I **changed my mind** about going out and stayed home.

**訳** 私は出かけることについて気が変わり、家にいた。

**セットで暗記**
《change *one's* ＋単数名詞》
❯ change *one's* beauty shop「美容院を変える」
❯ change *one's* job「仕事を変える」
《change *one's* ＋複数名詞》
❯ change *one's* trains「電車を乗り換える」
❯ change *one's* planes「飛行機を乗り換える」

# feel like *doing*

### 動 〜したい気がする

例 Nancy, I just **felt like** hear**ing** the sound of your voice.

訳 ナンシー、ただちょっとあなたの声が聞きたかったの。

**覚え方** この like は「〜のような」と考えて、「〜したいような気分」と考えると、「〜したい気がする」にたどり着けます。I have a mind to hear the sound of your voice. と書きかえることもできます。

# find fault with 〜

### 動 〜にけちをつける ; 〜のあらさがしをする

例 She is always **finding fault with** others.

訳 彼女はいつも他人のあらさがしをしている。

**覚え方** fault は欠点や短所、誤りを表す名詞です。「〜に関する欠点や誤りを見つける」ことから、「けちをつける」「あらさがしをする」という意味を導き出しましょう。

# earn *one's* living

### 動 生計を立てる

例 She **earns her living** by playing the piano.

訳 彼女はピアノを演奏して生計を立てている。

**覚え方** earn には「稼ぐ」の他に、get や gain と同じく「〜を得る」という意味があります。living は one's や a をつけると「生活費」の意味になるので、「生活費を得る」→「生計を立てる」とイメージすると覚えられますね。

# in the long run

**副** 結局は；長い目で見れば

例 Expensive things often prove more economical **in the long run**.

訳 値段の高いもののほうが結局は経済的なことがよくある。

**覚え方** 「今すぐというわけではないが、長く走っているうちには」という意味から「長い目で見れば」となります。逆に in the short run は「近い将来；短期的に見れば」という意味になります。

# in addition (to ～)

**副** (～に) 加えて；さらに

例 She speaks French **in addition to** English.

訳 彼女は英語に加えてフランス語も話す。

**覚え方** 動詞 add「加える」の名詞形が addition。in addition だけなら、「加えて；さらに」の意味になります。

  例 I was tired, and in addition, I was hungry.
  「私は疲れており、**さらに**おなかもすいていた」

# make a fool of ～

**動** ～を笑いものにする

例 Stop **making a fool of** yourself. Everyone is laughing at you.

訳 ばかなまねをするのはよしなさい。皆さんに笑われますよ。

**覚え方** fool は「ばか者；愚か者」。つまり笑われる対象です。「笑われる対象にする」→「笑いものにする」と考えます。また、make a fool of *oneself* は「ばかなまねをする」という意味になります。

国私立高校入試レベル

323

# lie on *one's* back

**動** あお向けに寝る

例 I **lay on my back** and looked at white clouds.

訳 ぼくはあお向けに寝ころんで、白い雲を眺めた。

**覚え方** lie は「横たわる」という意味の動詞（lie-lay-lain）。背中（back）を地面にくっつけて（on）横たわるイメージをしてください。「あお向けに寝る」が容易に理解できますね。「うつぶせに寝る」は lie on *one's* stomach です。

324

# lose *one's* temper

**動** かんしゃくを起こす；かっとなる

例 Ken **loses his temper** easily.

訳 ケンはすぐにかっとなる。

**覚え方** temper とは「気性；気質」で、元来もろもろの性質の適度なつり合いを意味し、心の落ち着きを表しました。その temper が失われる（lose）ので、非常に腹を立てて自制ができなくなってしまっている状態を表すというわけです。

325

# not only A but（also）B

**副** AだけではなくBも

例 **Not only** you **but also** he has to go.

訳 きみだけではなく彼も行かなければならない。

**ココが大切** not only A but (also) B が主語の場合は、動詞はBの人称と数に一致させます。また、書きかえでB as well as A **》336** になった場合も、動詞はBに一致させます。
= He as well as you has to go.

# make believe

### 動 (〜する) ふりをする

例 Mary **made believe** she was sick to avoid going to school.

訳 メアリーは学校へ行かずにすむようにと、病気のふりをした。

**覚え方** S make people believe 〜 .「人が〜を信じる状況にする」の目的語 people が省略されてできた熟語。その意味から「人が〜と信じるようにみせる；(〜する) ふりをする」を連想しましょう。
- make believe (that) 〜 = pretend (that) 〜「〜というふりをする」
- make believe to *do* = pretend to *do*「〜するふりをする」
= Mary made believe to be sick to avoid going to school.

# in case

### 副 ①もし〜ならば
### ②〜するといけないから；〜の場合に備えて

例 ① Take in the washing **in case** it rains.

訳 もし雨になったら洗濯物を取り込んでね。

例 ② We should always wear a seatbelt **in case** we have an accident.

訳 私たちは事故の場合に備えてシートベルトをしておくべきだ。

**覚え方** case は名詞で「場合」の意味。これに in がついて接続詞となり、後ろに〈主語＋動詞〉がついて「〜の場合は…」という意味になると考えましょう。

国私立高校入試レベル

# out of order

### 形 故障して；順序が狂って

📝 I couldn't call you; the telephone was **out of order**.

📄 きみに電話ができなかった。電話が壊れていたんだ。

**覚え方** order は「順序；秩序」の意味。out of ～ ≫151 には、「～から外へ」という意味の他に「～がなくなって」という意味があります。「順序・秩序がなくなって」→「順序・秩序がでたらめで」→「本来の機能がなくなって」→「故障して」とイメージしていきましょう。

# on average

### 副 平均して

📝 I sleep about eight hours **on average** every day.

📄 私は毎日平均して約8時間眠ります。

**覚え方** averageの語源はアラビア語で、「船に積んだ品物の損失」を表す語でしたが、のちにフランス語のavarieとなり、英語になって「投資者が金銭的な損失をお互いに平等に負担すること」を意味したことから、「平均」という意味で使われるようになりました。

# only have to *do*

### 動 ～しさえすればいい

📝 You **only have to** tell the truth.

📄 あなたは真実を伝えさえすればいい。

**覚え方** have to ～ ≫032 は「～しなければならない」の意味。そこにonlyをつけて「ただ～しなければならないだけ」→「～しさえすればよい」と連想すれば覚えられます。
= All you have to do is (to) tell the truth.

# remind A of B

**動** A（人）にB（こと）を思い出させる

例 The park **reminded** me **of** the happy times.

訳 その公園は、楽しかったころを私に思い出させた。

**覚え方** re が「再び」、mind が「気にかける」の意味なので、「再び気にかける」→「思い出させる；気づかせる」と連想しましょう。

# rob A of B

**動** AからBを（暴力・脅迫などで）奪う

例 The shock **robbed** her **of** words.

訳 彼女はショックのあまり口がきけなかった。

**覚え方** 元々 rob は「暴力・脅迫・詐欺などで奪うこと」を意味します。そこから、人や物事から大切な能力を奪うという意味にも使われるようになりました。

# once in a while

**副** ときどき

例 We go fishing **once in a while**.

訳 私たちはときどき魚釣りに行く。

**覚え方** 「ある期間に1回程度」→「ときどき」と覚えましょう。

**セットで暗記**《「ときどき」シリーズ》
- sometimes[occasionally]
- now and then
- from time to time »109
- at times »003

# any time

**副** いつでも

例 I'll be glad to help you **any time**.

訳 いつでも喜んでお手伝いいたします。

**覚え方** any は肯定文かつ単数名詞の前に用いると、「どんな〜も；どの〜も」の意味になります。これに時を表す time をつけると「どんなときでも」になりますね。

# at the age of 〜

**副** 〜歳のときに

例 I lived in Yokohama **at the age of** nine.

訳 私は9歳のときに横浜に住んでいました。

**セットで暗記** I lived in Yokohama when I was nine years old. と書きかえることができます。

# B as well as A

**副** Aだけでなく Bも

例 French is spoken in Canada **as well as** in France.

訳 フランス語はフランスだけでなく、カナダでも話されている。

**セットで暗記** ❷ B as well as A = not only A but (also) B ❷325
= French is spoken not only in France but also in Canada.
AよりもBに重点が置かれる点に注意。よって主語のとき、動詞の人称・数はBに一致させます。
　例 Not only you but also I am wrong.
　　 = I as well as you am wrong.
　　「あなただけでなく**私も**間違っている」

# *be* likely to *do*

### 動 ～しそうである

例 It **is likely to** rain.

訳 雨が降りそうだ。

**ココが大切** likely は形容詞で「ありそうな；起こりそうな」の意味。それに to 不定詞が続くと「～しそうな」の意味になります。that を使い、同じ意味の文が作れます。
= It is likely that it will rain.

# *be* supposed to *do*

### 動 ～することになっている

例 I**'m supposed to** meet Mike.

訳 私はマイクに会うことになっている。

**覚え方** suppose は「（たぶん）～と思う」の意味。後ろに to 不定詞がくると「～することになっている」の意味で、be 動詞を過去形にすると「結局はあることが行われなかったこと」を表します。否定文では、「～してはいけないことになっている」の意味になります。

# by mistake

### 副 間違って

例 I'm sorry I opened your mail **by mistake**.

訳 あなたの郵便物を間違って開けて申し訳ありません。

**覚え方** 「間違いによって（by）～をする」と覚えましょう。

**セットで暗記**
- ❯ correct a mistake「誤りを訂正する」
- ❯ admit a mistake「誤りを認める」
- ❯ notice a mistake「誤りに気づく」

国私立高校入試レベル

# a couple of 〜

**形** ①2つの〜　②2、3の〜

例 ① I went to Hawaii on vacation for **a couple of** weeks.

訳 私は休暇で2週間ハワイに行っていた。

例 ② She took **a couple of** courses at a cooking school.

訳 彼女は料理学校で2、3のコースを取った。

**ココが大切** 「1組」を表す単語にcoupleとpairがありますが、coupleは「同じ種類の2つの組」で、必ずしも一対になっているとは限りません。pairは一対のものを表します。
> a couple of boys「男の子2人」
> a pair of shoes「靴1足」

# *be* ready for 〜［to *do*］

**動** ①《for 〜で》〜の準備ができている
　　②《to *do*で》〜する準備ができている

例 ① **Are** you **ready for** the party?

訳 パーティーの準備はできていますか。

例 ② I**'m ready to** go.

訳 出かける準備ができています。

**ココが大切** be ready to *do* にはこんな意味もあります。
> He is too ready to speak.「彼はおしゃべり過ぎる」
> She was ready to cry.「彼女は今にも泣きそうだった」
> I'm always ready to help you.「いつでも喜んでお手伝いします」

# keep up

**動** ①～を続ける；続く
②～を維持する

例 ① You are doing well. **Keep** it **up**.

訳 なかなかよくやっているね。その調子で続けなさい。

例 ② You must eat to **keep up** your health.

訳 健康を維持するためには食べなければならない。

**覚え方** 「上に（＝up）あるものを支えている（＝keep）」というイメージから、「よい状態を続ける」（＝continue）、「よい状態を維持する」（＝maintain）と連想して覚えましょう。

# do with ～

**動** ～を処理［処置］する

例 What did you **do with** my shoes? They were here a minute ago.

訳 ぼくの靴をどうしたの？ ちょっと前にはここにあったのに。

**セットで暗記**

❍ have something to do with ～「～と何かの関係がある」 ≫270
　例 He has something to do with that problem.
　　「その問題と彼は**何か関係がある**」
❍ have nothing to do with ～「～と何の関係もない」
　例 He has nothing to do with that problem.
　　「その問題と彼は**何も関係がない**」
❍ do without ～「～なしですます」
　例 She can't do without sweets.
　　「彼女は甘いもの**なしではすませ**られない」

# go through

**動** ① ～を通過する
② (苦しみなど) を経験する

**例** ① She **went through** the ticket gate.

**訳** 彼女は改札口を通って行った。

**例** ② In a foreign country, most of us **go through** culture shock.

**訳** 外国に行くと、我々はたいていカルチャーショックを体験する。

---

**覚え方** through は立体的な空間内を通過するイメージで、across は平面を通過するイメージです。through の「～を通り抜ける」の意味から、人生でいろいろな困難を通り抜けること、つまり「経験する」という意味も出てきます。

○ 345

# get along (with ～)

**動** ① 暮らす；やっていく
② (～と) 仲よくやっていく

**例** ① How are you **getting along** these days?

**訳** 近ごろはいかがお過ごしですか。

**例** ② I don't know how to **get along with** her.

**訳** 彼女とどう仲よくしたらいいのか、わからない。

---

**ココが大切** get along だけだと「暮らす；やっていく」という意味ですが、後ろに with がついて get along with ～になると「～と仲よくやっていく」という意味になります。

# It costs（人）（費用）to *do* 〜.

**節** （人）が〜するのに（費用）がかかる。

**例** **It costs me three thousand yen to** have lunch here.

**訳** ここでの昼食は3000円かかる。

**覚え方** 「費用がかかる」という意味を表す動詞はcost。その後ろに〈人＋費用＋すること〉の順に並べていきます。
= I paid three thousand yen to have lunch here.

---

# in order to *do*

**副** 〜するために

**例** He studied hard **in order to** pass the exam.

**訳** 彼はテストに合格するために一生懸命に勉強した。

**セットで暗記** 不定詞の副詞的用法《目的》の意味をはっきりさせるために、in order または so as をつけることがあります。
= He studied hard so as to pass the exam.
in order to も so as to も that節で書きかえられます。
= He studied hard in order that he could pass the exam.
= He studied hard so that he could pass the exam.

---

# in fact

**副** 実際に；実際は

**例** **In fact**, they love to work.

**訳** 実際、彼らは働くのが大好きなのである。

**ココが大切** 「見かけと異なって実際は」という場合の「実際」と、前に述べたことを補足しての「実際」と、「いやそれどころか；実は」という意味の「実際」があります。

# lead to ～

### 動 ～へ通じる；～を引き起こす

例 Small changes may **lead to** larger changes later.

訳 小さな変化はやがて大きな変化を引き起こすかもしれない。

**覚え方** leadする人、つまり「リーダー」のことをleader、「一流会社」のことを leading company、「指導力；リーダーシップ」のことをleadershipというように、「先頭に立って、人を導き、ゴールへ至らせる」がleadの基本イメージです。

# more or less

### 副 多かれ少なかれ；いくぶん

例 Every one of us is **more or less** interested in art.

訳 我々はだれでも芸術には多かれ少なかれ興味を抱いている。

**覚え方** 「より多い」わけでもなく「より少ない」わけでもなく、人や状況によって程度の差はあっても「だいたいは」、という意味を付加する修飾語句です。

# make use of ～

### 動 ～を利用する

例 The country **made use of** its rich natural resources.

訳 その国は豊かな天然資源を利用した。

**覚え方** 〈make＋抽象名詞（動作・行為）〉は、「～する」という意味。
- ❯ make ＋ an effort（努力）→「努力する」 »449
- ❯ make ＋ a promise（約束）→「約束する」
- ❯ make ＋ use（利用）→「利用する」
- ❯ make ＋ a mistake（間違い）→「間違いをする」 »289

# no matter what [how / when, etc.]

**句** 何が [どんなに；いつなど] ～でも

**例** **No matter who** you are or **where** you are from, one thing is certain.

**訳** あなたがだれであれ、またどこの生まれであれ、1 つだけは確かである。

**セットで暗記**

❯ whoever「たとえだれが」
　 ( = no matter who)
❯ whichever「たとえどちらを」
　 ( = no matter which)
❯ whatever「たとえ何が」
　 ( = no matter what)　　　　　　 may *do*「～しても」
❯ whenever「たとえいつ」
　 ( = no matter when)
❯ wherever「たとえどこへ」
　 ( = no matter where)
❯ however「たとえいくら」
　 ( = no matter how)

# in advance

**副** 前もって

**例** It is necessary that we make a reservation **in advance**.

**訳** 前もって予約しておくことが必要です。

**ココが大切** 「何かが起こる（と予想される）前に」の意味です。of をつけて in advance of ～にすると「～に先立って；～の先に」の意味になります。
❯ an idea in advance of time「時代を先取りした考え」

**国私立高校入試レベル**

# sooner or later

### 副 遅かれ早かれ

例 I will also be asked the same question **sooner or later**.

訳 遅かれ早かれ同じ質問をされるだろう。

**ココが大切** 日本語は「遅かれ早かれ」ですが、英語は順序が逆なので注意しましょう。

# prefer A to B

### 動 BよりAを好む

例 Most people **prefer** natural food **to** processed food.

訳 たいていの人は、加工食品より自然食品が好きだ。

**ココが大切** prefer は「〜を好む」という意味の動詞です。prefer A to B は like A better than B で書きかえられます。
= Most people like natural food better than processed food.

# compare A with B

### 動 AとBとを比較する

例 Ken **compared** the size of his hand **with** mine.

訳 ケンは自分の手の大きさと私のとを比べた。

**セットで暗記** with を to に置きかえ、compare A to B にすると、「AとBとを比較する」以外に、「AをBにたとえる」という意味になります。さらにAを主語にして受動態にすると、Life is compared to traveling.「人生は旅にたとえられる」という名言を表せます。

# speak ill of ～

**動** ～のことを悪く言う

例 You should not **speak ill of** others.

訳 あなたは他の人の悪口を言うべきではない。

**セットで暗記**
❯ speak well of ～「～のことをよく言う」
例 Everyone always speaks well of Tom.
「だれもがトムのことをいつもよく言います」

# take advantage of ～

**動** ～を利用する；～につけ込む

例 **Taking advantage of** the holidays, I returned home.

訳 私は休暇を利用して故郷へ帰った。

**覚え方** advantage は「利点；強み」で、take advantage of ～になると「～の利点をとる」から「(機会など)を利用［活用］する」の意味になります。

# tend to *do*

**動** ～しがちである；～する傾向がある

例 We **tend to** forget that exercise is a key to good health.

訳 運動が健康のカギであるのを私たちはとかく忘れがちだ。

**覚え方** tend は「ある方向に向かうこと」を表す動詞です。tend to *do* で、「～することがよく起こり、そのことが再び起こる可能性が高いこと」を意味します。

国私立高校入試レベル

# all the time

### 副 いつも；常に

例 He complains about one thing or another **all the time**.

訳 彼はいつも何やかんやと不平を言っている。

---

**覚え方**「初めから終わりまでずっと」の意味から、「会って会話をしているその"時間中すべて"」という意味。at all times にすると「いつも」（＝ always）の意味になります。

# allow A to *do*

### 動 Aに〜をさせる

例 Please **allow** me **to** introduce myself.

訳 どうぞ自己紹介させてください。

---

**セットで暗記**《「A（人）が〜するのを許す」シリーズ》
- ❯ allow A to *do* → Aが何かをするのを邪魔せずに任せる
- ❯ permit A to *do* → 権限のある人がAに正式に許可する
- ❯ let A *do* → Aに自由にさせておく 》296

# as if 〜

### 接 まるで〜のように

例 I felt like crying **as if** I were a little child.

訳 私はまるで幼い子どものように泣きたい気持ちだった。

---

**覚え方** if は過去形と使うと「ありえないこと」「事実と反対のこと」を仮定します。これに態態を表す as をつけると「"現実ではありえないこと"のように」の意味になりますね。

# *be* ashamed of 〜

**動** 〜を恥じている

例 I don't think being poor is anything to **be ashamed of**.

訳 貧しいことは恥ずかしいことではないと私は思います。

**覚え方** ashamedは「恥じて（いる）」の意味の形容詞。〈feel ashamed of + 名詞/ *doing*）〉、または 〈feel ashamed that S + V〉で「〜したことを恥ずかしく思う」の意味になります。

# *be* used to 〜

**動** 〜に慣れている

例 Jim **is** not yet **used to** driving on the left side of the road.

訳 ジムはまだ路上での左側運転に慣れていない。

**覚え方** useの語源には、「慣習に従う」「儀式などを守る」という意味があります。そこから「いつも使っている」→「使い慣れている」→「〜に慣れている」という意味を連想しましょう。

# *be* worth *doing*

**動** 〜する価値がある

例 This book **is worth** read**ing**.

訳 この本は読む価値がある。

**セットで暗記**《「この本は読む価値がある」シリーズ》
- ❯ It is worth (while) reading this book.
- ❯ It is worthwhile to read this book.
- ❯ Reading [To read] this book is worthwhile.

国私立高校入試レベル

# care for 〜

**動** ① 〜の世話をする
② 《疑問文・否定文・条件文で》〜を好む；〜を望む

例 ① Beth **cared for** the dog like it was her child.

訳 ベスは自分の子どものようにその犬を世話した。

例 ② Would you **care for** another cup of tea?

訳 お茶をもう1杯いかがですか。

**セットで暗記** 《「〜の世話をする」シリーズ》
❯ care for 〜
❯ take care of 〜 ▶286
❯ look after 〜 ▶238
※「〜を好む」の意味では、like や be fond of 〜と同じです。

# prevent A from B

**動** A を B から防ぐ；A を妨げて B をさせない

例 The rain **prevented** us **from** finishing our game of tennis.

訳 雨のために私たちはテニスの試合を終えることができなかった。

**ココが大切** prevent は「妨げる；中止させる」だけでなく、「予防する；防止する」の意味もあります。同じ意味で keep A from B ▶373 がありますが、keep は「ある状態に保つ」という意味なので、prevent よりも長い時間「防ぐ；妨げる」という意味になります。

# even if 〜

## 接 たとえ〜だとしても

例 **Even if** we leave now, it's impossible to arrive there in time.

訳 たとえ今出発しても、そこに間に合うように到着するのは不可能です。

**ココが大切** 主節（接続詞のついていない〈S + V〉のかたまり）の内容と矛盾するif節は、even if の意味になります。また、even if と even though の使い分けは、「〜という可能性があるにもかかわらず」という意味の場合は even if を、「〜という事実にもかかわらず」という場合には even though を用います。

例 They worked even though it was Sunday.
「彼らは日曜日だったが働いた」

# turn A into B

## 動 AをBに（質的に）変える

例 Heat **turns** water **into** steam.

訳 熱は水を蒸気に変える。

**覚え方** into は「〜の中に入って別の状態に変化する」という意味を持っている前置詞です。

例 The frog changed into a prince.
「カエルは王子に変身した」

例 The vase broke into pieces.
「花瓶は粉々に割れてしまった」

例 Grapes were made into wine.
「ブドウはワインに加工された」

国私立高校入試レベル

# happen to *do*

**動** 偶然〜する

例 I **happened to** meet Mary there.

訳 私は偶然そこでメアリーに会った。

---

**セットで暗記**

= It happened that I met Mary there.

= I met Mary there by chance. 》313

= I met Mary there by accident.

= I came across Mary there. 》427

# insist on 〜

**動** 〜を主張する

例 The girl **insisted on** going shopping with her mother.

訳 その女の子はお母さんと買物に行くと言ってきかなかった。

**セットで暗記** insist on 〜は、〈insist that + S + V 〜〉と書きかえることができます。

= The girl insisted that she went shopping with her mother.

# on time

**副** 時間通りの [に]

例 Usually the train is **on time**.

訳 その電車はたいてい時間通りです。

**覚え方** 「時間の上に乗る」→「決められた時間の上にある」→「時間通りに」と連想していくと覚えやすいでしょう。in time「間に合って」》194 と区別して覚えましょう。

# keep A from B

**動** AをBから防ぐ；Aを妨げてBをさせない

例 Vitamin A **keeps** us **from** catching colds.

訳 ビタミン A は私たちを風邪から守ってくれる。

**覚え方** keep (away) from ～は「～に近寄らない」という意味。したがって、「AがBすることに近寄らないようにする」意味をイメージします。prevent A from B ≫367 に書きかえられます。

= Vitamin A prevents us from catching colds.

# keep away from ～

**動** ～に近寄らない

例 Please **keep away from** the horse. It's wild.

訳 その馬に近寄らないでください。暴れますから。

**セットで暗記** 文字通りに言えば「～から離れた状態を保つ」ということです。keepの後ろに目的語（A）を補って keep A away from ～にすると「Aを～に近づけない」の意味になります。

例 Please keep your dog away from the horse.
「あなたの犬を馬に近づけないでください」

# look on A as B

**動** AをBと見なす

例 They **looked on** him **as** a great judge.

訳 彼らは彼を偉大な判事と見なしていた。

**覚え方** look on は「ある感情を持って人やものを見る」という意味です。つまり、特別な見方で人やものをとらえているのがこの熟語のイメージです。この場合のasは「～として」という意味を表します。

# make sense

**動** 意味をなす；道理にかなう

⑩ If something doesn't **make sense**, it isn't logical.

㉘ もしあることが意味をなさなければ、それは論理的でないのである。

**覚え方** make senseだから、「意味を作る」→「意味がある」→「道理にかなう」と連想していきましょう。

# make sure（that）〜

**動** 〜を確かめる；確実に〜する

⑩ Before you leave home, **make sure** your pets have enough food.

㉘ 家を出る前に、確実にペットには十分なえさを与えてください。

**覚え方** 「確かにする」という意味から、「確かめる」「確実に〜する」を連想しましょう。「それを（確実に）見る」という意味のsee to it thatに書きかえることができます。
  ⑩ Make sure that your pets have enough food.
    = See to it that your pets have enough food.

# make up *one's* mind

**動** 決心する

⑩ Finally, I **made up my mind** and bought the new video game.

㉘ ようやく私は決心してその新しいテレビゲームを買った。

**覚え方** この場合のmindは「意志；決意」を意味します。「自分の意志を作りあげる」→「決心する」と連想すると覚えやすいですね。「決心する」という意味の動詞decideに書きかえることができます。

# on purpose

**副** わざと；故意に

例 He came late **on purpose**.

訳 彼はわざと遅れてきた。

**セットで暗記** 同義語は intentionally[purposely]、対義語は by chance[accident]「偶然に」 ≫313 。「たまたま遅れてきた」場合は、happen to ≫370 を使って He happened to come late. と表します。

# run short of ～

**動** ～が底をつく

例 We're **running short of** oil.

訳 石油が底をついてきた。

**覚え方** この run は自動詞で、「(好ましくない状態に) なる」の意味です。short は「短い」ことから「足りない；不足して」の意味になります。「そこから、何かを使い果たして、もうあとにはあまり残っていないこと」を意味します。

# out of the question

**形** 不可能な；ありえない

例 A trip to America this summer is **out of the question**.

訳 アメリカへの旅行は今年の夏はとても無理だ。

**覚え方** out of ～ ≫151 には、「～から外へ」という意味の他に「～から外れて」という意味があります。question は「問題」の意味なので、「問題から外れて」→「問題外」→「不可能な；ありえない」となります。同義語は impossible です。

382

# provide for ～

**動** ～に備える

例 It is necessary that we **provide for** the future.

訳 私たちは将来に備えることが必要である。

**覚え方** 「～のために供給しておく」→「～のために備える」とイメージしましょう。forの代わりにagainstが用いられることもあります。

383

# quite a few ～

**形** かなりの数の～

例 **Quite a few** people died in the cold wave.

訳 寒波のためかなり大勢の人が亡くなった。

**ココが大切** a few ≫092 は「少しある」、fewは「ほとんどない」という意味なので、quite a fewを「少し」だと勘違いしてしまいがちなのですが、実は「たくさん」という意味になるので要注意です。

384

# regard A as B

**動** AをBと見なす

例 My parents **regard** me **as** a child.

訳 私の両親は私を子どもだと考えている。

**セットで暗記**
《look on A as B》
= My parents look on me as a child. ≫375
《think of A as B》
= My parents think of me as a child.

# with ease

**副** 容易に

例 Emi won the 400-meter race **with ease**.

訳 エミは 400 メートルレースで楽勝した。

**セットで暗記** 《〈with ＋抽象名詞〉＝副詞シリーズ》
- with + ease「容易さ」= easily「容易に」
- with + care「用心；注意」= carefully「注意して」
- with + fluency「流暢さ」= fluently「流暢に」

# carry out

**動** 〜を実行する

例 We couldn't **carry out** our project.

訳 私たちは計画を実行することができなかった。

**セットで暗記** carry の基本的な意味は「〜を運ぶ」。後ろにつく前置詞を変えると次のような意味に変化します。
- carry away「〜を運び去る」←見えないところまで運ぶ
- carry on「〜を続ける」←運んでいる最中

# what we call

**節** いわゆる

例 He is **what we call** a gentleman.

訳 彼はいわゆる紳士だ。

**覚え方** what we call 〜 [what is called 〜 ]「〜と呼ぶもの」「〜と呼ばれるもの」から「いわゆる」という意味を導き出しましょう。

# by far

**副** はるかに；ずっと

例 Of us all, Tom was **by far** the best swimmer.

訳 私たちみんなの中で、水泳はトムがずばぬけて一番だった。

**ココが大切** much と同様に比較級や最上級を強調する表現。

**セットで暗記** far には2つの比較級・最上級があります。
- far–farther–farthest（距離が遠い）
- far–further–furthest（時間が遠い・程度がはるかに）

---

# but for 〜

**副** 〜がないならば；〜がなかったならば

例 I would have failed **but for** his kind help.

訳 彼の親切な助けがなかったなら私は失敗していただろう。

**セットで暗記** 《仮定法で使われる決まり文句》
- But for his kind help,
- Without his kind help,　　　I would have failed.
- If it had not been for his kind help,

---

# behind schedule

**副** （予定の）時間に遅れて

例 The train was almost an hour **behind schedule** today.

訳 今日はその電車が1時間近くも遅れた。

**セットで暗記** behind time も同じ意味。ahead of schedule は「予定より早く」、on schedule は「時刻通り」の意味。

# at least

**副** 少なくとも

例 Jim says he goes jogging **at least** three times a week.

訳 ジムは少なくとも週 3 回はジョギングをすると言っている。

**覚え方** least は little の最上級（little-less-least）。それに「点」を表す at をつけて、「最も少ない点で」と考えると覚えやすいです。だから「最も多い点で」は at (the) most ≫396 となり、意味は「多くても；せいぜい」となります。

# *be* at a loss

**動** 途方に暮れている；困っている

例 I **was at a loss** to explain it.

訳 私はそれを説明するのに困った。

**覚え方** loss は「失うこと；損失；紛失」の意味です。よって at a loss は「何かをなくした状態にある」ことを言い、そこから「途方に暮れている；困っている」という意味をイメージします。

# *be* made into ～

**動** ～になる

例 Grapes **are made into** wine.

訳 ブドウはワインになる。

**覚え方** into の後ろには、材料や原料を加工して作り変えたものがきます。
= Wine is made from grapes. ≫218

国私立高校入試レベル

# catch up with ～

**動** ～に追いつく

例 Go on ahead; I'll **catch up with** you soon.

訳 先に行ってください。すぐあなたに追いつきますから。

**ココが大切** 混同しやすい熟語に keep up with ～ ≫431 があります。catch up with ～が「先を行く人を捕まえる」イメージであるのに対して、keep up with ～は「その後その人と同じペースを維持する」イメージなので、「～に遅れずについていく」という意味になります。

# can't help *doing*

**動** ～せざるをえない

例 We **couldn't help** laugh**ing** at his jokes.

訳 私たちは彼のジョークに笑わざるをえなかった。

**覚え方** 「(主語が)～することを助けられない」→「(主語が)どうしても～してしまう」→「(主語が)～せざるをえない」と連想して覚えましょう。help の後ろは必ず動詞のing形になることも忘れないように！

# at（the）most

**副** 多くても；せいぜい

例 Cherry blossoms last only for a week **at the most**.

訳 桜の花は、せいぜい1週間しかもたない。

**覚え方** most は many/much の最上級（many/much–more–most）。それに「点」を表す at をつけて、「最も多い点で」と考えると覚えやすいです。だから「最も少ない点で」は at least ≫391 となり、意味は「少なくとも」となります。

# find *oneself*

**動** ～とわかる

例 He **found himself** as a teacher.

訳 彼は教師が自分の天職だと気づいた。

**覚え方** oneself は「自分自身」なので、直訳すると「自分自身に気づく」という意味になります。例文でいくと「教師としての自分自身に気づく（それ以外の自分は見つけられない）」から「教師が天職だと気づく」という意味になります。

# get rid of ～

**動** （厄介なもの）を取り除く

例 It is not easy to **get rid of** bad habits.

訳 悪い習慣を取り除くのは簡単ではない。

**覚え方** rid は動詞（rid–rid/ridded–rid/ridded）です。もとは「土地を切り開く」という意味があり、そのためには土地から障害物を取り除かなければならず、障害物の中には厄介なものもあったことから、「（厄介なもの）を取り除く」という意味になりました。

# generally speaking

**副** 一般的に言えば

例 **Generally speaking**, women live longer than men.

訳 一般的に言えば、女性は男性より長生きする。

**覚え方** generally は usually と同じで「たいてい」の意味です。「たいていそう言われる」から「一般的に言えば」になったと考えましょう。speaking はよく省略されます。また、to speak generally で書きかえられます。

国私立高校入試レベル

# in a sense

**副** ある意味では；ある程度

例 All of us have some interest in history.
**In a sense**, we are all historians.

訳 私たちはだれでも歴史にはある程度の興味を持っている。
ある意味では、みんな歴史家なのである。

**覚え方** この場合のsense は meaning「意味」と同じです。だから、「ある意味において」
となるのは容易に理解できますね。

# in spite of 〜

**副** 〜にもかかわらず

例 **In spite of** the rain, he went to school by bike.

訳 雨にもかかわらず、彼は自転車で学校へ行った。

**覚え方** spite そのものは「悪意；意地悪」という意味。「〜という悪意・意地悪にもか
かわらず」と考えると覚えやすいです。
= Though it rained, he went to school by bike.

# in general

**副** 一般に

例 **In general**, people in America tend to prefer bigger cars.

訳 一般に、アメリカの人々は大型車のほうを好む。

**ココが大切** 文全体の修飾語としては「一般に」、名詞の後ろにつけると「一般の」の意
味になります。
❯ the world in general「世間一般」

# look down on ～

**動** ～を軽蔑する

例 She doesn't **look down on** any people, so I think she's reliable.

訳 彼女はどんな人も軽蔑しないので、私は彼女が信頼できると思います。

**覚え方** look down on ～は文字通り「～を見下ろす」で、「～」の部分に人がくると「軽蔑する」の意味になります。同義語は despise で、対義語は look up to ～ **》408** = respect になります。

404

# prepare for ～

**動** ～の準備をする；～に備える

例 Most of the students are **preparing for** the final exam.

訳 たいていの学生は期末試験の準備をしている。

**覚え方** pre は「前の」、pare は「（ナイフで果物の皮を）むく」という意味です。料理を始める前に「前もって皮をむいておく」→「準備をしておく」と考えましょう。

405

# look forward to ～

**動** ～を楽しみに待つ

例 I **look forward to** seeing you on my next trip to your city.

訳 あなたの町へ今度旅行する際、あなたにお会いするのが楽しみです。

**覚え方** forward は「前方へ」の意味。「これから起こることを見て、何かに期待する」イメージです。to は前置詞なので、後ろは名詞か動詞の ing 形になるので要注意！

国私立高校入試レベル

# make fun of ～

**動** ～をからかう

例 When the girl entered the room, some boys **made fun of** her.

訳 その少女が部屋に入ると、彼女をからかう男の子もいた。

**セットで暗記** fun は「面白いこと［人］」という意味です。「～を面白い人にする」→「～をからかう」と連想していきましょう。
= make a fool of ～ ≫322

# not A but B

**副** AではなくB

例 The most important thing in the Olympics is **not** to win **but** to participate.

訳 オリンピックで最も大切なのは、勝つことではなくて参加することである。

**ココが大切** not A but BのAとBには同じ品詞が入ります。Aが名詞ならBも名詞です。また、名詞や形容詞などの語ではなく、例文のようにto不定詞などの句がくることもあります。

# look up to ～

**動** ～を尊敬する

例 We **looked up to** him as our leader.

訳 私たちは彼を私たちの指導者として尊敬した。

**覚え方** look up は文字通り「～を見上げる」で、「to ～」の部分に人がくると「尊敬する」の意味になります。同義語はrespectで、対義語はlook down on ～ ≫403 = despise です。

# learn 〜 by heart

**動** 〜を暗記する

例 Ray **learned** the whole story **by heart**.

訳 レイはその物語を丸ごと暗記した。

**覚え方** learn は「覚える」。by heart は「心によって」、つまり「そらで」。「そらで覚える」→「暗記する」となります。

# plenty of 〜

**形** たくさんの〜

例 As a father, I gave my child **plenty of** books.

訳 父親として、私は子どもに本をたくさん与えた。

**覚え方** 数えられる名詞にも、数えられない名詞にも使われます。ふつう肯定文で使われ、否定文では many や much を、疑問文ではふつう enough を使います。
　例 I didn't give my child many books.
　「私は子どもに**あまり**本を与え**なかった**」
　例 Do you have enough books to read?
　「読む本は**十分に**ありますか」

# pay attention to 〜

**動** 〜に注意を払う

例 At first the boy didn't **pay** much **attention to** my advice.

訳 最初のころ、その少年は私の忠告にあまり注意を払わなかった。

**覚え方** pay は「払う」なので、文字通り「注意を払う」になります。pay が give になると「注意を与える」つまり、「注意する」になります。

国私立高校入試レベル

# run out of ～

### 動 ～を使い果たす

例 We **ran out of** gas on our way there.

訳 私たちは途中でガソリンが切れてしまった。

**覚え方** まずは「～から流れ出る」とイメージしましょう。そしてどんどん流れ出た結果、「～を使い果たす」と考えてください。進行形にすると「底をつきかけている」という意味になります。

# put up with ～

### 動 ～を我慢する

例 We had to **put up with** a lot of noise.

訳 私たちはひどい騒音を我慢しなければならなかった。

**覚え方** 不平を言わずに不快な状況や人との関係に「身を置くこと」から、「我慢する」をイメージします。「我慢する」の意味を表す動詞3つ（stand/bear/endure）も覚えましょう。

# speaking[talking] of ～

### 副 ～と言えば

例 **Speaking of** traveling, have you ever visited New York City?

訳 旅行と言えば、ニューヨーク市を訪れたことはありますか。

**覚え方** もとの形はIf we speak[talk] of ～「もし私たちが～について話をするならば」で、これを分詞構文にすると、Speaking[Talking] of ～になります。

■415

# *be* poor at ～

**動** ～が下手だ

例 I**'m poor at** playing the violin.

訳 私はバイオリンを弾くのが下手だ。

**ココが大切** be good at ～「～が得意だ」 >>079 の対義語が、*be* poor at ～「～が下手だ」
です。
例 She is not good at singing.「彼女は歌**が下手だ**」
= She is poor at singing.
= She is a poor singer.

■416

# a number of ～

**形** いくつもの～；かなり多くの～

例 There are **a number of** things we can do to protect our
environment.

訳 私たちの環境を守るために私たちができることはたくさんある。

**ココが大切** a number of の後ろには、数えられる名詞（可算名詞）がきます。number
の前に large や small などを入れて「数の大小」を表すことができます。

■417

# according to ～

**副** ～によれば

例 **According to** the weather forecast, it will snow tomorrow.

訳 天気予報によれば、明日は雪が降るでしょう。

**覚え方** according の accord は「一致（する）；調和（する）」の意味です。「天気予報と
一致する情報」と考えれば、覚えやすいですね。

# *be* similar to 〜

**動** 〜に似ている

例 The climate here **is** very **similar to** that of England.

訳 当地の気候は英国と非常に似ている。

**ココが大切** similarは数学では「相似の」という意味で、「類似した」「よく似た」の意味の形容詞。*be* similar to 〜は動詞 resemble とイコールの関係ですが、resemble には to をつけてはいけません。

# *be* proud of 〜

**動** 〜を誇りに思う

例 Parents **are proud of** their children.

訳 両親は彼らの子どもを誇りに思う。

**セットで暗記** proudの名詞形はprideで「誇り」。prideを使った熟語に take pride in 〜があり、「〜を誇りにしている」という意味になります。
　　例 Tom takes pride in serving his customers at his restaurant.
　　「トムは自分のレストランの接客を**誇りにしている**」

# *be* satisfied with 〜

**動** 〜に満足する

例 He **is satisfied with** the result.

訳 彼はその結果に満足している。

**ココが大切** satisfiedという形容詞は「何かを成し遂げた」や、「期待通りの結果になった」という意味での「満足している」。「(現状に甘んじて) 満足している」という意味では*be* content with 〜を用います。

# get used to 〜

**動** 〜に慣れる

例 Did you **get used to** your new job?

訳 あなたは新しい仕事に慣れましたか。

**ココが大切**

▶ 〈used to ＋動詞の原形〉「よく〜したものだ」 »214

例 He used to take a walk after dinner.
「彼は夕食後、よく散歩をしたものだ」

▶ 〈*be*[get] used to ＋動詞の ing 形〉「〜することに慣れている」 »364

例 He is used to reading books.
「彼は本を読むことに慣れている」

# call for 〜

**動** ①（人）を誘いに行く ;（もの）を取りに行く
②〜を必要とする ;〜を強く求める

例 ① I'll **call for** you at eight tomorrow morning.

訳 明日の朝 8 時に誘いに行きます。

例 ② The plan **calls for** a lot of money.

訳 その計画には多額のお金が必要である。

**覚え方** 「〜を強く求める」ことから「〜を必要とする」という意味が生まれ、さらに「〜を取りに行く」ことから「〜を誘いに行く」という意味が生まれたと考えれば覚えやすいですね。

国私立高校入試レベル

# deprive A of B

**動** AからBを奪う

例 A traffic accident **deprived** him **of** the use of his right hand.

訳 交通事故で彼は右手が使えなくなった。

**覚え方** deprive A of Bの"A"には「奪われる人」がきます。そして"B"には「奪われるもの」がきますので、逆にしないように注意しましょう。

# drop in

**動** 立ち寄る

例 Be sure to **drop in** on us when you come this way.

訳 こちらにおいでの節はぜひお立ち寄りください。

**覚え方** dropの名詞形は「水などのしずく」。「まるでしずくが落ちるように立ち寄る」とイメージすると覚えやすいでしょう。また、「人」を訪ねるときはon、「家」を訪ねるときはatがくるので注意しましょう。
  例 He dropped in on me.
    = He dropped in at my house.
  「彼は私の家に立ち寄った」

# for good

**副** 永久に

例 Tom wants to live in Japan **for good**.

訳 トムはずっと日本に住んでいたいと思っている。

**覚え方**「永久に」はforever（= for ever）が有名です。everをgoodに置きかえても同じ意味になると考えれば覚えやすいですね。

# get through

**動** ～を（し）終える

例 I don't think I can **get through** all this work by five.

訳 この仕事を 5 時までに全部は終えられないと思う。

> **覚え方** 初めから終わりまでを貫くイメージから、「～をし終える」という意味を連想します。そうすると "How was the exam?" "I got through." 「試験どうだった？」「**通ったよ**」といった場合にも使えることが理解できます。

# come across

**動** ～に出会う；～を偶然見つける

例 I **came across** this book in a secondhand bookstore.

訳 私はこの本を古本屋で偶然見つけた。

> **覚え方** across は「横切る」の意味。偶然人に出会ったり、ものを見つけたりする以外に、「ある考えが脳裏を横切る」→「頭にふと浮かぶ」という意味もあります。
> 例 A doubt came across my mind.「ふと疑念が**浮かんだ**」

# take place

**動** （物事が）起こる；（行事が）行われる

例 When will the concert **take place**?

訳 そのコンサートはいつ行われますか。

> **ココが大切** take place は「予定されていたこと」が起こるときに使われますが、「予定外のこと」が偶然起こるときには happen や occur を使います。

国私立高校入試レベル

# instead of ～

### 副 ～の代わりに

例 We should use bikes **instead of** cars.

訳 私たちは車の代わりに自転車を使うべきだ。

**ココが大切** instead of の後ろは *doing* です。
instead を副詞として単独で使うこともできます。
例 Paul didn't study law. Instead he decided to become a singer.
「ポールは法律を勉強しなかった。**代わりに**、歌手になることにした」

# depend on ～

### 動 ～に頼る；～次第である

例 He **depended on** his uncle for support.

訳 彼は生活費をおじに頼っていた。

**覚え方** depend の語源は、de が down、pend が to hang。つまり「ぶら下がる」の意味
です。pend は pendant「ペンダント」を考えるとイメージしやすいですね。何かにぶ
ら下がっていることから、「頼る」の意味を思い浮かべてください。

# keep up with ～

### 動 ～に遅れずについていく

例 I read newspapers in order to **keep up with** the times.

訳 私は時流に遅れないように新聞を読む。

**ココが大切** catch up with ～ ≫394 が「先を行く人を捕まえる」のに対して、keep up
with ～は「その後その人と同じペースを維持する」の意味になります。

# may well *do*[be]

**助** 〜しそうである；〜して不思議ではない

例 You **may well** be proud of your children.

訳 あなたが子どもを自慢するのはもっともだ。

**覚え方** ある反応や質問、感情に対して、それは「よい（well）かもしれない（may）」、つまり「無理もない」と考えます。また、mayを過去形のmightにすると控えめな言い方になります。

# make no difference

**動** 重要でない；違いがない

例 It **makes no difference** to me whether you believe it or not.

訳 あなたがそれを信じようと信じまいとぼくには重要でない。

**覚え方** 「difference（違い）がない」ということは、「こだわらない」ということ。つまり、「自分にとってはどうでもよい」→「重要ではない」と連想しましょう。

# make *oneself* understood

**動** 自分の言うことを相手にわからせる

例 Can you **make yourself understood** in English?

訳 あなたは英語で自分の言うことを相手にわからせることができますか。
［あなたの英語は通じますか。］

**覚え方** 第5文型〈make + O + C〉「OがCされる状態にする」にあてはめると、「自分自身、つまり自分の言っていることが人に理解されるようにする」という意味から、「自分の話が相手に通じる」という意味になった熟語です。

国私立高校入試レベル

# out of date

### 形 時代遅れの

例 This hairstyle is **out of date**.

訳 このヘアスタイルは時代遅れだ。

**覚え方** date には「日付」の他に「時代；年代」という意味があります。out of ～ ≫151 は、「～から外れて」という意味なので、「時代から外れて」→「時代遅れの」とイメージしましょう。

# on earth

### 副《疑問詞を強めて》いったい全体

例 Why **on earth** did you take him to the station?

訳 いったい全体なぜ彼を駅へ連れていったの？

**覚え方** on earth は、文字通り「地上」を意味しますが、この場合、疑問詞を強調する働きをして「この地上の何なんだ！」という驚きや怒りを表します。したがって、「地上」という意味はなくなり、「いったい全体どうなっているのだ！」という意味になります。

# on the other hand

### 副 これに反して；他方では

例 Tom can't swim at all. **On the other hand**, he is a very good baseball player.

訳 トムは泳ぎはぜんぜんできないが、これに反して、野球はとても上手である。

**覚え方** 「もう一方の手」という意味から、前に出したものと同様に考えるべき別の意見や事実を述べる場合や、2つの異なった面を提示する場合に使います。

# provide A with B

**動** AにBを供給する［与える］

例 English **provides** us **with** a window into other cultures.

訳 英語は私たちによその文化をのぞく窓を与えてくれる。

**ココが大切** 人に何かを与えたり、人が手に入れられるようにすることを表すときに、proveide A（人）with B（もの）と言います。人とものを入れかえると、provide B（もの）to A（人）になります。
= English provides a window into other cultures to us.

---

# put off

**動** ～を延期する

例 We decided to **put off** the meeting until next Sunday.

訳 私たちは会合を次の日曜まで延期することに決めた。

**覚え方** put は「置く」、off は「離れて」なので、「離れたところに置く」→「延期する」とイメージすると覚えやすいですね。動詞 postpone で書きかえることができます。延期ではなく、「中止する」場合は call off［cancel］を使います。

---

# pass away

**動** 亡くなる

例 Last night his grandfather **passed away** in the hospital.

訳 昨夜彼のおじいさんが病院で亡くなった。

**覚え方** die「死ぬ」よりも、間接的な表現。人々が各々の人生を「通り過ぎていく」という意味でイメージしましょう。

# to *one's* surprise

**副** 驚いたことに

例 **To my surprise**, my house was on fire when I came home.

訳 驚いたことに帰宅してみると自宅が火事であった。

**セットで暗記** 〈to *one's* ＋気持ち〉で、「人が〜したことには」という意味になります。
- ❯ to *one's* disappointment「〜ががっかりしたことには」
- ❯ to *one's* regret「〜が残念なことには」

# take A for B

**動** AをBだと思う；間違ってAをBと思う

例 Many people often **take** me **for** a student because I look so young.

訳 私はとても若く見えるので多くの人がしばしば私を生徒と間違える。

**覚え方** この場合のforは「〜として」の意味なので、「AをBとしてとる」→「AをBだと思う」と連想していきましょう。

# far from 〜

**副** 〜どころではない；〜とはほど遠い

例 The plan is **far from** perfect.

訳 その計画は完全とはほど遠い。

**セットで暗記**
- = This plan is anything but perfect.
- = The plan is not perfect at all.

# as a rule

**副** ふつうは

例 **As a rule**, I get up late, but this morning was different.

訳 私はふつうは起きるのが遅いのだが、今朝は違っていた。

**覚え方** このasは前置詞のasで、「〜として」の意味になり、後ろに名詞がきます。よって、「ルールとして」の意味から、「ふつうは」になります。

# as a result (of 〜)

**副** (〜の) 結果として；〜のために

例 He was injured **as a result of** the accident.

訳 彼はその事故のためにけがをした。

**覚え方** このasは前置詞のasで、「〜として」の意味になり、後ろに名詞がきます。resultは「結果」という意味の名詞なので、「結果として」になります。

# at random

**副** 手当たり次第に；無作為に

例 I used to read novels **at random** in those days.

訳 当時私は手当たり次第に小説を読んだものだ。

**覚え方** randomは語源的には「馬の猛スピード；混乱」の意味があり、無目的にやたらと走るイメージです。この場合atは「標的」で、標的に向けて無作為にものを投げるイメージで覚えましょう。

# come to *do*

### 動 ～するようになる

例 I **came to** know Meg in London.

訳 私はロンドンでメグと知り合いになりました。

**ココが大切** 「～するようになる」のcome to *do* の *do* には、know、like、love などの状態を表す動詞がきます。このcome to *do* は get to *do* とほぼ同じ意味です。 >>145②
不定詞の副詞的用法「～するために来る」と区別しましょう。

例 Come to see me when you are free. 「時間があるときに**会いに来てください**」

# in need

### 形 困っている

例 I want to work for people **in need**.

訳 私は困っている人々のために働きたい。

**覚え方** need の意味は、動詞で「必要とする」、名詞で「必要、必要性」です。in need は、「～してもらう必要性の中にいる」という状況から、「困っている」という意味が推測できます。

# make an effort

**動** 努力する

例 You should **make an effort** to think for yourself.

訳 自分で考える努力をすべきです。

---

**セットで暗記** make no effort は「努力をしない」という意味です。

例 He made no effort to save money.
「彼はお金を節約する**努力をまったくしなかった**」

---

# not always

**副** いつも～であるとは限らない

例 I'm **not always** free on Sundays.

訳 私は日曜日はいつも暇とは限りません。

---

**ココが大切** 英語は「配置の言語」です。つまり、その語が置かれている位置によって意味が決まります。ここでは、not は always の前にあるので、not が always を修飾しています。「『日曜日はいつも暇』ということではない」＝「日曜日はいつも暇とは限りません（＝暇な日曜日もありますが、暇ではない日曜日もあります）」という意味になります。
次の文と比べましょう。
❯ I'm always not free.
ここでは not は free を修飾しています。ですから、「私はいつも暇ではない（＝いつも忙しい）」という意味です。

国私立高校入試レベル

# さくいん

さくいん

MEMO

MEMO

MEMO

MEMO

中萬学院（ちゅうまんがくいん）
1954年創立の全国屈指の進学塾。神奈川県を主な基盤とし、創業から60年以上にわたって的確な学習指導と進路対策を実施しており、12万人以上の卒塾生を輩出している。
指導法や教材を時代の変化に対応し刷新する一方で、創立以来の「教科好き勉強好きを育てる」を柱に据えた「中萬メソッド」を重視。特に英語指導では、戦後最大の教育改革に対応した開発教材が全国の大手学習塾でも使用されるなど、長年培われた英語指導が高く評価されている。
本書は、指導現場に立つ教師の豊富な指導経験と中萬学院の指導メソッドを詰め込んだ1冊となっている。

かいていばん　　せ かいいちおぼ　　　　　ちゅうがく　えいじゅく ご
改訂版　世界一覚えやすい　中学の英熟語450

2023年3月24日　初版発行
2024年11月5日　再版発行

ちゅうまんがくいん
著者／中萬学院

発行者／山下　直久

発行／株式会社KADOKAWA
〒102-8177　東京都千代田区富士見2-13-3
電話　0570-002-301(ナビダイヤル)

印刷所／株式会社加藤文明社

©Chuman Co.,Ltd. 2023　Printed in Japan
ISBN 978-4-04-606231-4　C6082

中萬学院の **世界一 覚えやすい** シリーズ

## 中学英単語の基礎から応用までを網羅した 英単語集の決定版！！

### 『改訂版 世界一覚えやすい 中学の英単語1800』

進学塾だからこその、学校では教えてくれない効果的な覚え方が満載。
すべての単語に覚えるポイントの解説を収録しています。

著者：**弦巻桂一**（中萬学院）

ISBN：978-4-04-604553-9

**本書の特長**

### 1 中学で習う英単語を完全網羅

「超基本レベル・必修レベル・標準レベル・
発展レベル」と習熟度別に掲載しているか
ら、ステップアップしながら着実に英単語
を身につけることができます。

### 2 新課程＆入試の 最新傾向に対応！

中学英語の最新傾向に完全対応！ 見出し
語のひとつひとつに丁寧な解説がついて
いるので、英語が短期間で覚えられます。
今まで英単語を覚えられなかった人でも、
この本なら必ずやりきることができるはず。

**日常学習や定期テスト対策から
高校入試の基礎固めまで**

**KADOKAWA**